新版
聞いて覚える
話し方

New edition Speaking Skills
Learned through Listening
Japanese "Live"

初中級1
Pre-Intermediate &
Intermediate Level volume1
JLPT N3 以上
A2〜B1 程度

日本語生中継
教室活動のヒント&タスク

ボイクマン総子
小室リー郁子
宮谷敦美

目　次

■指導のポイント		4
LESSON 1	貸してもらう	7
LESSON 2	予定を変更する	17
LESSON 3	レストランで	27
LESSON 4	旅行の感想	38
LESSON 5	買い物	48
LESSON 6	アルバイトを探す	59
LESSON 7	ほめられて	69
LESSON 8	交通手段	79
LESSON 9	ゆずります	91
LESSON 10	マンション	101

■巻末付録
　練習シート：ウォーミングアップ
　　　　　　　重要表現のディクテーション
　　　　　　　もういっぱい

LESSON 1	112	LESSON 6	132
LESSON 2	116	LESSON 7	136
LESSON 3	120	LESSON 8	140
LESSON 4	124	LESSON 9	144
LESSON 5	128	LESSON 10	148

指導のポイント

■聞き取り練習の前に

［ウォーミングアップ］

　ここでは、各課で取り上げる会話場面のイメージをつかむために、話題になっている事柄について、どのような経験をしたことがあるか学習者に話してもらいます。できるだけ具体的に経験を語ってもらうと、日頃の言語行動についての振り返りにもなります。また、失敗した場合や相手の意図がはっきりわからなかった場合等、コミュニケーションに支障が生じたケースについて挙げてもらうことで、そのとき何が問題だったのかを明確にすることができます。

　ここで出てきた場面は黒板にメモを取っておき、あとで行うロールプレイの際に同じような場面を設定して、練習するといいでしょう。同様の場面を取り上げることで、学習者は自らの経験を振り返り、その場でどう話せばよかったか内省できます。そして、そこから、学習した表現やストラテジーを使っての練習につなげていけるでしょう。

　本書の各課には、初級段階で学習済みだと思われる語彙や表現が提示してありますので、学習者がどの程度、語彙や表現を知っているのか確認することができます。

■語彙と表現の学習

　初級が終わった学習者は、使える語彙や表現がまだ不十分なために、自分の考えをうまく言い表せないことがあります。ここでは、問題を解きながら、各課で取り上げる話題に関する語彙と表現の導入や確認をします。

　本書の巻末には、ここで出てきた語彙と表現を応用したタスク例や練習シートがありますので、ご活用ください。印刷するか、または WEB サイトからのダウンロードでもご利用いただけます。

■聞き取り練習

問題1

　文末表現や使用されている語彙等をヒントに、話している人達の人間関係（上下や親疎）、話のトピック、場面、内容等を聞き取る問題です。

○キーワードとなる単語

　本冊では、キーワードとなる単語を取り上げています。最初にスキットを聞いて意味がとれなかった場合は、これらの単語の意味を確認して再度聞かせてください。学習者のレベルが低い場合には、リスニングの前にあらかじめ単語の意味を確認してからスキットを聞かせてもいいでしょう。

　別冊に単語の英語、中国語、韓国語、ベトナム語訳がついていますので、併せてご参照ください。別冊の単語訳は直訳ではなく、文脈にそった訳となっています。

問題2

　話の細かい内容について、正確に聞き取れたかどうかを確認する問題です。内容が理解できていない場合は、キーワードとして挙げられている単語以外に、難しいと思われる単語を適宜補充してから再度聞かせてください。問題2の解答は本書ではあらためて解説をしませんので、別冊スクリプトでご確認ください。

4

問題3

　音声を聞いて書き取る問題です。重要表現や縮約形を正確に聞き取ることが目的です。初級を終了したばかりの学習者の場合、口語的な言い回しには慣れていないことが多いので、ここではそういった音に慣れる練習をします。

　ディクテーションは、表現や縮約形の知識を確認するためのタスクなので、漢字で書き取る必要はありません。ここで挙げられている表現は、各課の重要表現、もしくは、縮約形等の音に変化がある表現で、すべてスキットに含まれています。ディクテーションのあとで、音の変化等についてルールを説明してください（詳細は、本書の各課の説明を参照のこと）。そのあとで、なめらかに言えるようになるまで、声を出して発音させるといいでしょう。本書の各課には、ディクテーションで焦点となっている表現の口頭練習ドリルがあります。

■ポイントリスニング

　単文レベルの聞き取りタスクです。イントネーションの違いや単語の細かな違いによって、意味がどのように異なるのかを聞き取ることを目的としています。本書には、解答の解説に加えて、ポイントリスニングで挙げた表現を中心に、類似語彙・表現が整理して提示してあります。

■重要表現のポイント

　各課について2〜3の機能の表現を扱います。それぞれの表現についての補足説明は、本書の各課の説明をご参照ください。多くの課では表現をTシャツ（カジュアルな場面）とネクタイ（フォーマルな場面）の2種類に便宜上、分けていますが、これらの表現はすっきりと2つに分けられるわけではありません。個々の状況によって使い分けが必要になってきますので、本書の解説を参考にしながら、適宜説明を行ってください。また、本書では重要表現に関連する表現をまとめ、追加提示していますので、必要に応じて取り入れてください。

　重要表現を使った練習問題の解答例は別冊スクリプトと音声におさめられていますが、あくまで例ですので、音声をいきなり聞くのではなく、まずはペアで実際に会話をさせるといいでしょう。自分ならどう言うか工夫することを推奨するとクリエイティブな活動になるでしょう。

　また、本書の巻末には、重要表現の練習問題の解答例を利用した「ディクテーション・シート」もありますので、印刷するか、またはWEBサイトからダウンロードしてご活用ください。

■もういっぱい

　「もういっぱい」は、各課の話題に関連した語彙や表現をさらに増やすための問題です。「もういっぱい！＝もう十分」で余裕のない学習者に対しては、この問題を省略してもいいでしょう。「もういっぱい、いける」と余裕のある学習者は、この問題を通して、語彙・表現をさらに豊かにすることができるでしょう。本書の巻末には、「もういっぱい」の語彙を応用した練習シートもありますので、印刷するか、またはWEBサイトからダウンロードしてご活用ください。

■ロールプレイ

　ロールプレイの状況は、カジュアルな場面とフォーマルな場面の2種類があります。そのまま使用するよりも、ウォーミングアップのときにクラスで話し合った状況でロールプレイをしたり、学習者に状況設定をしてもらったりする等、学習者に合った身近な状況に修正して使用してください。

ロールプレイの際には、カジュアル、フォーマルな言葉の使い分けができているかどうか確認してください。また、タスクが達成できたかどうかや正しい表現が用いられていたのかだけに注目するのではなく、適切な話の進め方ができていたかどうかについても、クラスで話し合う時間を持ったほうがいいでしょう。本書の各課には、手順とフィードバックの際の留意点が挙げられていますので、指導のヒントとしてご利用ください。また、ロールプレイタスクの例も追加提示してあります。

> 「初中級1」の本冊p.9には、リスニングに重点をおいた場合、スピーキングに重点をおいた場合等、目的別の使い方についてヒントが書かれています。

■ロールプレイ準備シート
　WEBサイトに「ロールプレイ準備シート」を用意いたしましたので、ダウンロードしてご利用ください。

巻末付録

■練習シート：ウォーミングアップ／重要表現のディクテーション／もういっぱい（配布シート）
　巻末に配布用の練習シートをご用意いたしました。印刷するか、またはWEBサイトからのダウンロードでもご利用いただけます。

『新版　聞いて覚える話し方　日本語生中継』ダウンロードページ

https://www.9640.jp/japanese-live/

▶ 練習シート
　・ウォーミングアップ
　・重要表現のディクテーション
　・もういっぱい

▶ ロールプレイ準備シート

LESSON 1 貸してもらう

【この課で学習する内容】

　第1課では、物を借りるときの言い方と、それに対して承諾したり断ったりするときの言い方について学習します。物の貸し借りは、日常生活で頻繁に行われる言語行動ですが、初級を終えたばかりの学習者の場合、授受の方向とそのときに用いられる言葉(借りる、貸す、貸してもらう、貸してくれる、借りたい、等)を間違って使用してしまうケースがよく見られます。

　貸し借りの言語行動では、貸してもらう品物が高額であったり借りにくい物であったりする場合、相手の気持ちに配慮した表現を選ぶ必要があります。また、貸すのを断る場合も人間関係に配慮した断り方をすることが求められます。

　ここでは、物を借りるときの表現と貸すのを断る表現を中心に、相手と場面に応じてそれらの表現を使い分ける力を身につけることを目標としています。それに加えて、相手に失礼のない借り方や断り方をするには、どのような前置き表現を用いればいいのかといった会話の進め方についても学習者が考えて、話せるようになることがこの課のねらいです。

■聞き取り練習の前に

> 友人にどんなものを貸したり借りたりしますか。そのとき何か困ったことがありますか。

　学習者に、どんなものを貸したり借りたりすることが多いかを尋ね、ウォーミングアップとします。また、そのとき困った経験(貸したくないのに貸してほしいと頼まれて断れなかった、貸した物をなかなか返してくれなかった、等)がないか聞いてみることで、借りるときの表現、断るときの表現には注意が必要であることを認識させることができるでしょう。

　ここでは、初級段階で学習する貸し借りについての語彙や表現の確認もできます。確認する際には、普段どんな表現を使っているか、学習者自らに振り返ってもらうといいでしょう。

貸し借りに関わる語彙・表現

以下に挙げるのは、初級で学習済みだと考えられる語彙・表現です。「借りる」と「貸してもらう」は同じような意味になることをまずおさえてください。これらはいずれも、何かを貸してほしいときに使う表現ですが、学習者のレベルに応じて適宜確認してください。

- ●「借りたい」を使った表現
  - ・Xを借りたい｜んだけど。👕
  - 　　　　　　｜んですけど。👔
  - ・Xをお借りしたいんですけど。👔

- ●「借りてもいい」を使った表現
  - ・Xを借りても｜いい？👕
  - 　　　　　　｜いいですか。👔
  - 　　　　　　｜よろしいでしょうか。👔
  - ・Xをお借りしてもいいですか。👔

- ●「貸してもらってもいい」を使った表現
  - Xを貸してもらっても｜いい？👕
  - 　　　　　　　　　｜いいですか。👔
  - 　　　　　　　　　｜よろしいでしょうか。👔

● 「貸してもらいたい／いただきたい」を使った表現

Xを貸して	もらいたい	んだけど。👕
		んですけど。👔
	いただきたいんですけど。👔	

● 「貸してくれる／もらえる／くださる／いただける」を使った表現

Xを貸して	くれる？／くれない？👕
	もらえる？／もらえない？👕
	くださいますか。／くださいませんか。👔
	いただけますか。／いただけませんか。👔

■語彙と表現の学習

【1】「貸す、借りる、返す」、「あげる、もらう、くれる」、「戻す」の言葉を使い分ける問題です。問題を解いたあとに（状況によっては問題を解く前に）、それぞれの言葉の意味をクラスで確認するといいでしょう。

貸す、借りる、返す：物の所有権の移動はありません。物が一時的に所有者から、それを借りる人に移るときに、「貸す、借りる」が使用されます。借りたあと、物を所有者に渡す場合に「返す」を使います。「Aさんに／Aさんから借りたXを返した」「Bさんに貸したXをまだ返してもらってない」等と言います。

あげる、もらう、くれる：この3つの動詞は、物の授受の動詞として初級で学習済みですが、必要があれば復習をしてください。これらの動詞は、「貸す、借りる」と違い、物の所有権がAさんからBさんに移る場合（プレゼントする場合）に使用されます。

戻す：「返す」は借りた物を所有者に返却する場合に使う動詞ですが、「戻す」は、元々あった場所に物を返す場合に使います。従って、「本を戻す」は、図書館や書店の本棚等、元々その本があった場所に本を移動させることを意味し、「本を返す」は、借りた相手（や図書館）に返すことを意味します。

その他、これらと似た動詞に「渡す」があります。「渡す」は、ある人から別の人に物が移動することに注目した言葉です。「Aさん、このプリント、Bさんに渡してもらえる？」等のように使います。

① 「くれる」は誰かが自分にプレゼントをしてくれるときに使います。問題文は、「その傘、使ってもいいけど、あとで（　　）ね」なので、答えは「返して」です。学習者は「（私に）プリントをくれてください」という誤用をすることがあります。「くれてください／くれてもいいですか／くれたいんですが」という形は存在しないことも、必要に応じて確認しておきましょう。

② 借りる場合に「〜てもいい」を使うときには、「借りてもいい？」を使います。学習者の誤用でよくあるのは、自分が借りたいときに「（あなたは私に）貸してもいい？」という言い方です。また、「借りる」と「貸してもらう」は同義ですから、「貸してもらってもいい？」と言うことができます。

③ 「元のところに」とあるので、「戻す」が適切です。

④ 「〜もらう」が続くので、「（友達に）貸して」が解答になります。「借りて」だと、友達が自分のために、別の人から充電器を借りるという意味になってしまいます。

⑤ 「〜いただきたいんですが」が続くので、「貸して」が答えです。「借りていただきたい」は、自分のために先生が別の人から本を借りるという意味になってしまいます。

【2】貸す人、借りる人が使用する表現の問題です。

a.「いつまでに返したらいい?」:これは返却日を尋ねているので、「借りる人」が発する表現です。
b.「私から借りたっていうのは、内緒ですよ」:「私から借りた」という表現があるので、「貸した人」の表現です。
c.「貸してもらえると助かるんだけど」:「〜てもらえると助かる/うれしい」という表現は、「借りたい人」が頼むときに用いる表現です。
d.「えっ、今日はだめ。山田さんが借りたいって言ってたから」:「貸す人」の断りの言葉です。「今日はだめ」とはっきり言っているので、かなり直接的な断りの表現です。
e.「できるだけ早く返してね」:「返して(ください)」と言っているので、「貸す人」の表現です。

語彙・表現のタスク　　　　　　　　　　　　　　　　　※ 練習シート＝ p.112

何と言いますか

会話の続きを考えさせる問題です。

解答例:① 貸してもらえない?/貸してもらってもいい?
　　　　② 貸していただけませんか/貸していただきたいんですけど…
　　　　③ 貸してもらえない?/借りてもいい?　　　④ 戻したらいいですか

適当な言葉を選びましょう

解答:　① a. 貸してほしい　b. 貸して　　② a. 返そう　b. 返せない
　　　　③ a. くれた　b. 貸したくない　　　④ 渡して

■聞き取り練習

問題1　聞き取りのポイント

① 「月曜日試験だし、週末は勉強しないと」と普通体で話していることから「友人同士」だとわかります。一方が「ノート貸してくんない?」と頼んでいるので、話題は「ノート」です。頼まれた相手は「いやあ、こんなぎりぎりは無理だよ。俺も使うし」と言っており、ノートは借りられません。

② 2人とも普通体で話しているので親しい間柄であること、女性が「お兄ちゃん」と言っているので、2人の関係は「兄妹」です。話題は「(クリスマスにお父さんに買ってもらった)ゲーム」です。兄が「俺の友達も借りたいって言ってる」と伝えているので、妹は今はそのゲームを借りることができません。

③ お互い丁寧体で話しています。「じゃあ、明日会社に持って来ますね」と言っているので、「同僚同士」であると考えられます。頼んだ人は「うれしい。よかったー」と言っていますので、ハンドバッグを借りられることがわかります。お互い丁寧体で話す間柄であっても、自分の感情表現(うれしい、よかった)については普通体で発話してもかまいません。

④ 1人が普通体、もう1人が丁寧体で話しているので、上下関係のある間柄(「先輩と後輩」)であることがわかります。話題は「先輩の教科書を借りること」です。貸すのを頼まれた先輩が「じゃあ、月曜に学校に持って来るね」と言っていますので、後輩は教科書を借りられることがわかります。

問題3

① 悪いんだけど、ノート貸してくんない？
   → 「悪いんだけど」は、カジュアルな関係における依頼の前置き表現としてよく用いられます。ほかにも「悪いけど」や「できたらでいいんだけど」等があります。口語では、「けれども」が「けど」になります。また、「ノート（を）貸してくんない？」のように、助詞の「を」は省略されることがあります。

② いやあ、こんなぎりぎりは無理だよ。俺も使うし。
   → 「こんなぎりぎりになって貸すのは無理だ」が「こんなぎりぎりは無理だ」になっています。このようにくだけた話し言葉では、「ぎりぎりになって〜する」の動詞部分が省略され、「ぎりぎり」が名詞的に使われることがあります。

③ 友達が貸してほしいって言ってるんだけど、借りられるかな。
   → 引用の「と」が「って」に、「言っている」が「言ってる」に、「のだ」が「んだ」に、「けれども」が「けど」になっています。

④ だめだったらいいんですけど、山田さん、黒のハンドバッグ持ってますよね。
   → 「だめだったらいいのです けれども」が、「んです」、「けど」になっています。また、ディクテーションの箇所ではありませんが、「黒のハンドバッグを」の助詞の「を」が省略されています。さらに、「持っています」が「持ってます」になっています。

⑤ お願いなんですが、その科目の教科書、貸してもらうことってできますか。
   → 「お願いなんですが」は依頼の前置き表現です。口語では「ことができますか」が「ことってできますか」となることがあります。

┌──────────┐
│ 口頭練習 │ ※口頭で練習しましょう。キューは日本語でも学習者の母語でもいいでしょう。
└──────────┘

① 「悪いんだけど、〜てくれない？」に変換するドリル
   悪いんだけど、＿＿＿＿＿てくれない？
   1. その本、貸す 　　　2. そこの辞書、取る 　　　3. この荷物、預かる
   4. 席、取っておく 　　5. この荷物、持っている

② 理由を加えるドリル
   こんなぎりぎりは無理だよ。＿＿＿＿＿し。
   1. 私も使いたい 　　　2. これから使う 　　　3. 今使っている
   4. 今日持っていない 　5. もう時間がない

③ 「〜って言ってるんだけど」のドリル
   友達が＿＿＿＿＿って言ってるんだけど、いい？
   1. 貸してほしい 　　　2. 見せてほしい 　　　3. 一緒に行きたい
   4. 車を借りたい 　　　5. パーティーに来たい

④ 「だめだったらいいんですけど」を使うドリル
   だめだったらいいんですけど、＿＿＿＿＿ていいですか。
   1. 傘、借りる 　　　　2. これ、使う 　　　　3. この本、見る
   4. そのノート、貸してもらう 　　　5. ここで写真、撮る

10

⑤「お願いなんですが、〜てもらえませんか」に変換するドリル

お願いなんですが、＿＿＿＿＿てもらえませんか。

1. これ、貸す　　　　　2. 写真、撮る　　　　　3. その本、見せる
4. 病院まで一緒に行く　5. 会議室、使う（※5の答えは「使わせて」になります。）

■ポイントリスニング

この問題は、貸してほしいと頼まれた人が、貸せると言ったのか、断ったのかを判断する問題です。特に、初級終了後の学習者は、断りの表現として「それは、ちょっと…」や「できません」「だめです」といった表現しか知らないことがあるのですが、ほかにもいろいろな断り方があることを認識させてください。

また、答えを確認するだけでなく、承諾したり断ったりする表現によって、相手がどんな気持ちになるかや、そのように言われたらどう答えるかについても、考えさせるといいでしょう。

① 「ちょうど今、人に貸してるんだよね」という発話は、断りの表現です。断るのに正当な理由を挙げているので、こう言われた人も嫌な気持ちがしません。また、このように「ちょうど今」と言うことによって、「今は無理だけれど、別のときならOK」という気持ちを表すことができます。
② 「弟のなんですよ」と、自分には貸す権利がないと述べることで、間接的な断りの表現になります。
③ 「他に借りられる人いない？」と言っているので、自分は貸す気がないことを示しています。「無理だ、だめだ」と言わずに、「他の人はどうか」と提案しているので間接的な断りの表現です。また、「悪いけど」と言うことによって、断ることを申し訳なく思っている気持ちを伝えることができます。
④ 「今、使ってるから」は断りの理由を述べている部分、「明日でもいい？」は今でなければ貸すことができると伝えている部分です。今すぐに相手の希望に応じられなくても、「（別のとき）でもいい？」と代替案を提示することで、貸す意志のあることを伝えることができます。
⑤ 「今、現金持ってないんですよ」と言っているので、貸すのを断っていることがわかります。
⑥ 「いいよ」と言っているので、承諾しています。ですが、「月曜日に返してもらえるんなら」と言っているので、条件付きの承諾となります。

表現

〈OKの場合〉

- いいよ、いいよ。
- 大丈夫だよ。
- どうぞ、どうぞ。
- 月曜日までなら、いいよ。

- いいですよ。
- かまいませんよ。
- どうぞ。
- 月曜日までなら、かまいませんよ。

〈OKではない場合〉

| ごめん、悪いけど、 | 今、使うところなんだ。
今、人に貸してて。
ちょうど今、使ってるんだよね。 |

| 申し訳ないんですけど、 | 今、使おうと思っていたところなんです。
今、人に貸してまして。
ちょうど今、使ってるんですよ。 |

■重要表現のポイント

ここでは、「貸してくれるように頼む」「貸すのを断る」という2つの機能を取り上げます。

貸してくれるように頼む

- 「貸してくれるように頼む」場合には、いきなり「貸してもらえませんか」と頼むのではなく、重要表現のように「できたら👕」「悪いんだけど👕」「だめだったらいいんだけど👕」「可能でしたら👔」「できれば👔」のような前置き表現をつけると、相手への気遣いを表すことができます。また、これらの前に「お願いがあるんだけど👕／ですけど👔」のような表現を加えると、これから行うのが依頼の会話であるということを示すことができます。
- この場合の前置き表現として「よかったら」は使いません。「よかったら」は、相手の利益になることを申し出るときには使えますが、自分の利益になること（＝貸してもらうこと）をお願いするときに使うのは不適切です。
- 前置き表現がある場合とない場合とで相手に与える印象がどう変わるか、自分ならどんな前置き表現を使うか、クラスで意見を出し合ってみてください。
- 相手の持ち物を使うときには、「使わせてくれない？👕」「使わせていただけませんか👔」という表現を用いることができます。

表現

〈依頼の話を始めるときの前置き〉

- ちょっと｜お願い／頼み／頼みたいこと｜があるんだけど
- 〇〇、持ってたよね。お願いなんだけど…

- ちょっとお願いがあるんですが
- お願いしたいことがあるんですが
- 〇〇、お持ちですか。実は…

練習

※ディクテーション・シート＝p.113

テキストに設定してある状況を単に伝えるのではなく、話を始めるときや、依頼をするときの前置き表現についても学習者に考えさせるようにしましょう。フィードバックは、習った表現が使えていたかどうかだけでなく、会話の開始や前置き表現が効果的だったか、声の調子、間の置き方は適切だったか等、多面的に行うといいでしょう。

また、表現形に注目させるために、解答例（🔊 7）を利用して、ディクテーションをしてもいいでしょう。

貸すのを断る

- 貸すのを断る場合には、断りの理由を添えるほうが丁寧です。
- 断りの理由を説明する場合、「今使ってて、<u>だめだ</u>」とか「使う予定があって、<u>無理だ</u>」等とは言わずに、「今使ってて…」「使う予定があって…」というように、理由だけを述べて後半部分を省略することが多いです。理由を述べるだけで十分相手に意図が伝わる場合は、あえて最後まで言いません。また、後半部分を省略するほうが、やわらかく聞こえます。後半部分にどんな言葉が省略されているのか、クラスで考えてみるのもいいでしょう。
- フォーマルな場面で断りの理由を説明する場合、「(ちょうど今、使って)まして…」という言い方があります。「～ます」のテ形の「～まして」は、初級ではあまり出てこない表現ですから、おさえておきましょう。
- これから使うことを断りの理由とするときには、「今から使おうと思っていたんです」という表現以外にも、「今、使おうと思っていたところなんです」等の表現があります。
- 断るときに、断りの理由を述べるだけでなく、「ごめん👕」「悪いんだけど👕」「すみません👔」「あいにく👔」等の表現を一緒に使うことが多いです。これらの表現は、断りの理由を述べる前に言うのが一般的ですが、断りの理由を述べたあとに添えることもあります。また、会話の最後の締めくくりの部分でもう一度これらの謝罪の言葉を繰り返すことも多いです。
- 断られたあとの応答のときに、「わかった／わかりました」に加え、「大丈夫、いいよ👕」や「そうですか👔」等と言うといいでしょう。

表現

〈今、使っている場合〉

| ちょうど今、
今、 | 使ってて。👕
使ってまして。👔
人に貸してて。👕
人に貸してるんですよ。👔 |

※誰に貸すかを具体的に言わないときには、「人に貸す」という言い方をします。

〈これから自分が使う予定のある場合〉

- 今から使おうと | 思ってて。👕
  　　　　　　　 | 思ってたんです。👔
- 今から使おうと思ってたところなん | だ。👕
  　　　　　　　　　　　　　　　　 | ですよ。👔

練習

※ ディクテーション・シート＝ p.114

テキストに設定してある「断りの理由」を単に相手に説明するのではなく、上記の表現も使うように促しましょう。会話の相手を＜友人＞から＜同僚＞に変えると、カジュアルとフォーマルの2場面で練習することもできます。フィードバックは、表現が使えていたかどうかだけでなく、断りの理由に添える言葉があったかどうか、声の調子、間の置き方は適切だったか等、多面的に行うといいでしょう。断るときには、間を置いて遠慮がちに断りの表現を述べると申し訳ないという気持ちが伝わります。

また、表現形に注目させるために、解答例（🔊 8）を利用して、ディクテーションをしてもいいでしょう。

■ もういっぱい
　トピックに関連する語彙と表現をさらに増やす練習問題です。余裕のある場合に行ってください。

問題1
「貸す、借りる」に特別な意味がある場合を挙げています。③の「耳を貸す」には「聞く」という意味、⑤の「手を借りる」には「手伝ってもらう」という意味があります。また、「借りる」には「使わせてもらう」という意味もあります。②の「トイレを借りる」がそれに当たります。日本語では金銭を介す場合も「①レンタカーを／④マンションを借りる」のように、「借りる」という表現を使います。

問題2
① 友人に対する断りの表現なので、普通体となります。「週末」の話をしていますから、「b. 今週末使うんだ」が適切です。
② 先輩に対する断りの表現なので、丁寧体となります。「週末」の話をしていますから、「d. この週末…」が適切です。
③ 友人に対してなので、普通体になります。
④ 同僚に対してなので、丁寧体が自然です。また、コピー機を貸してほしいという依頼に対する断りなので「a. 今、使ってまして…」という言葉が適切です。
⑤ テントを貸しているという状況なので、「c. 返してもらわないとちょっと困るんだけど」という表現が適切です。

| 語彙・表現のタスク | ※ 練習シート＝p.115 |

> **適当な前置き表現を考えましょう**
>
> 　どんな前置き表現を使うと、自然で丁寧に聞こえるかを考える問題です。ふさわしい前置き表現を考えてみましょう。
>
> 　解答例：①A：悪いんだけど
> 　　　　　　B：ごめん／悪い
> 　　　　　②A：申し訳ないんだけど／だめだったらいいんだけど
> 　　　　　　B：悪いんだけど／貸しててあげたいんだけど
> 　　　　　③A：できれば／可能でしたら
> 　　　　　　B：すみません／申し訳ないんですけど
> 　　　　　④A：申し訳ないんですが／もし可能でしたら
> 　　　　　　B：お貸しできればいいんですが／ごめんなさい

■ロールプレイ

[手順]

　ペアやクラス全体で、下のようなストラテジーについての話し合いを行ってから、ロールプレイの
練習をするといいでしょう。

- ・　頼むときにどう切り出すか
- ・　借りたい理由（なぜそれが必要なのか、なぜそれが自分で手に入れられないのか）は、どのよう
  に言うか
- ・　貸すことができる場合、貸すときの条件はあるのか、ないのか。あるなら、どのように言うか
- ・　断るときに、理由はどのように言うか
- ・　会話はどう締めくくるのが適当か

[フィードバックの観点]

- □　借りたいと言うとき、前置き表現や借りたい理由は述べられていたか
- □　貸すことができる場合の言い方は適切だったか
- □　断るときの言い方は適切だったか（間の置き方、言いにくそうに言っていたか）
- □　断るときの前置き表現や理由は述べられていたか
- □　断られたときに、相手の気持ちに配慮した答え方をしていたか（「大丈夫、いいよ」や「そうで
  すか」等）
- □　相手が友人の場合と目上の人の場合で、表現の使い分けができていたか
- □　話の終わり方は適切だったか（借りる場合には、いつ返すかきちんと伝えられていたか、貸すの
  を断った場合、相手に不快な思いをさせなかったか、等）

[その他のロールプレイタスクの例]

　Cはカジュアルな場面、Fはフォーマルな場面を示しています。

1　C　週末友人と海に行こうと思っています。ルームメートがビーチボールや浮き輪等を持ってい
るので借りてください。

2　C　友人の結婚式に招待されましたが、着て行く服がありません。友人に借りてください。

3　C　海外旅行に行きます。スーツケースがないので、友人に貸してもらえるかどうか頼んでくだ
さい。

4　C　携帯電話の充電コードをなくしてしまいました。同じ機種の携帯電話を使っているルームメー
トに借りてください。

5　F　会社の先輩のうちに遊びに行って帰ろうとした頃、急に雨が降ってきました。先輩に傘を借
りてください。

6　F　先生の研究室に読みたい本がありました。先生に頼んで借りてください。

7　F　職場にアウトドアが好きな同僚がいます。週末友人とキャンプに行く予定ですが、椅子が壊
れてしまいました。同僚に頼んで借りてください。

■ロールプレイ準備シート

2人でペアになり、ロールプレイタスクについて下の内容を相談して決めてください。そして、どのように話を進めればよいか2人で準備してから、ロールプレイをしましょう。

| 例 | 日本語能力試験を受けようと思っています。先生に問題集や参考書を借りてください。 |

話す場所	授業が終わったあと、教室で
誰が誰に？	学生（ジョー）➡ 日本語の先生
人間関係と状況	先生と学生。授業後に、先生に日本語能力試験対策について相談しつつ、おすすめの問題集や参考書があれば借りたいことを伝える。そして、少しの期間だけ貸してもらい、気に入ったら自分でも購入するつもりであることを伝える。一方、先生は、研究室で手に取って問題集や参考書を見て、気に入ったら買うように言う。
内容	学生は日本語能力試験を受けたいと思っていて、おすすめの問題集や参考書があるかどうか尋ねる。先生がそれらを持っていたら、数日借りたいと言う。
状況説明は複雑？	比較的複雑。おすすめの問題集や参考書があるかどうかまず尋ね、それを先生が研究室に持っているかどうか尋ねる。先生が持っている問題集や参考書をずっと借り続けるのは失礼なので、週末を挟んで数日貸してほしいと伝える。そして、気に入ったらそれを自分で買うことを伝える。
使う表現	【会話を始める】 ・先生、今ちょっとよろしいでしょうか。 ・先生、ちょっと、お願いがあるんですが。 【貸してくれるように頼む】 ・可能でしたら、火曜日ぐらいまで貸してもらえませんか。 ・できれば、火曜日まで貸していただけないでしょうか。 【貸すのを断る】 ・悪いんだけど、ほかの学生も使いたいかもしれないから。 ・あいにく、ほかにも使いたいって言っている学生がいるんですよ。
会話で工夫すること	・学生は、会話の目的をきちんと伝えて、会話を始める。 ・学生は、数日の間だけ借りたいということを強調する。 ・先生は、貸せない理由をきちんと伝える。

予定を変更する

【この課で学習する内容】

　第2課では、約束していた予定を変更するときの言い方と、その理由の説明の仕方を学習します。約束していた予定を変更するという状況は、予約を変更したり約束の時間に遅れることを告げたりする等、日常生活で非常に馴染みの深い会話場面です。初級では自分がしようと思っていることや立てた予定について述べる言い方を学びますが、予定の変更をお願いする際には、自分の予定が変わったことやその理由を説明するための表現が必要になってきます。

　ここでは、変更を頼む表現と理由を説明する表現を相手と場面に応じて使い分ける力を身につけることを目標としています。また、相手に不快な思いをさせずに変更を受け入れてもらえるような会話の進め方を身につけることもこの課の目標です。

■聞き取り練習の前に

> 誰かとの約束の予定を変更しなければならなくなるのはどんなときですか。

　学習者に、普段の生活の中で誰とどんな約束をするか、立てた予定を変更しなければならなくなるのはどんなときかを尋ね、ウォーミングアップとします。約束をした時点では、その予定で問題がなかったけれども、あとで用事が入って予定の変更を相手に依頼しなければならなくなることは少なくありません。その際、いつに変更してもらいたいかを言うだけでなく、状況によっては、相手の気分を害さないようそうなった理由をきちんと説明することも必要でしょう。

　ここでは初級段階で学習する、予定に関わる語彙・表現が適切に使えるかどうかを確認しましょう。

予定に関わる語彙・表現

以下に挙げるのは、初級で学習済みだと考えられる語彙・表現です。

● **予定について述べる表現**

・次の週末は、映画を見る｜<u>予定です。</u>
　　　　　　　　　　　　｜<u>つもりです。</u>
　　　　　　　　　　　　｜<u>ことになっています。</u>

・次の週末は、映画を見<u>ようと思っています</u>。

※「ことになっています」は、既に予定として決まっていることについて述べる表現です。一方、「つもり」「(よ)うと思っています」は、確定したスケジュールを述べるものではなく、話し手の意志を述べる表現です。「つもり」は「(よ)うと思っています」に比べ、話し手の強い意志が感じられます。

● **予定を変更したことについて述べる表現**

次の週末は、友達と映画を見る｜<u>予定だった</u>　　｜<u>けど、</u>　　｜テストがある<u>ので、</u>
　　　　　　　　　　　　　　｜<u>つもりだった</u>　｜<u>んだけど、</u>｜
　　　　　　　　　　　　　　｜<u>ことになっていた</u>｜

終わってから見る<u>ことにした</u>。

■語彙と表現の学習

【1】「約束・予定・予約」を使い分ける問題です。「約束・予定・予約」の意味をクラスで確認してから問題に入るといいでしょう。また、余裕があれば、これらの言葉と一緒に使う動詞等も簡単に復習しておきましょう。

約束：主として個人的な取り決めの場合に使います。約束には、「人と［動詞辞書形］＋約束がある／をする」という形と、「人と＋約束がある／をする」という形があります。前者は、具体的な約束の内容(会う約束、話す約束、映画を見る約束、等)について述べる表現ですが、後者は、「今日は、山田さんと約束があるんです／をしているんです」のように、単にその人と会うこと指す表現となります。

予定：何をするかをあらかじめ決めるとき、または何が行われるかがあらかじめ決まっているときに使います。個人的なことだけでなく公的な行事の場合にも使います(例：開会式は10時からの予定だ)。よく用いられる動詞との組み合わせは、「予定がある、予定が入った、予定が入っている、予定を変える、予定を決める」等です。

予約：病院や美容院等の時間、店やバス・飛行機、イベント等の座席、会議室等のレンタル施設の使用に関して使われます。よく用いられる動詞との組み合わせは、「予約をする、予約を入れる、予約をキャンセルする、予約を変更する」等です。

① 「病院に電話をかける」という状況なので、答えは「予約」です。
② 「森さんと明日3時に会う＿＿をした」は、個人的な取り決めなので、「約束」になります。
③ 「週末、どこかに出かける＿＿がある？」の場合、「予定、約束」いずれも可能ですが、「約束」が使えるのは「誰かと出かける」等、「人」が関わる場合に限定されます。
④ 「友達と映画に行く＿＿をすっかり忘れていた」は、「友達と」とあるので、個人的な取り決めの「約束」が自然です。
⑤ 「ネットで飛行機の＿＿をキャンセルした」なので、「予約」です。

【2】予定の変更に関わる語彙・表現の問題です。助詞に注意して確認しましょう。

① 「予約を」なので、「変わる」ではなく「変える」になります。
② 「旅行が」なので、「中止になる」です。「旅行を」の場合は「止める」になります。「止める」という他動詞を使うと「自らの意志で行かないことにする」という意味になります。
③ 「用事があった」は、用事があって既にそれが終了したことを表します。この場合、「突然で申し訳ないんだけど」と言っているので、急用が入ったことを表す「用事ができちゃった」が一般的です。ほかにも「用事(急用／用)が入っちゃった」と言うこともできます。また、「用事ができちゃった」は「用事ができてしまった」の縮約形です。「～てしまった」が口語では「～ちゃった」になります。
④ 「ことになっていて」は、既に予定が決まっている場合に使います。ここでは、「急に」と言っているので、予定が変わったことを表す「ことになっちゃって」となります。文末の「～て」のあとには、「行けないんだ／だめなんだ／無理なんだ」が省略されています。言わなくても文脈から理解できますし、そのほうがやわらかく聞こえます。「ことになっちゃって」のあとに、どんな言葉が省略されているのか、省略される理由は何か、確認するのもいいでしょう。

| 語彙・表現のタスク | ※ 練習シート＝ p.116 |

> **一番ハッピーなのは誰？　一番かわいそうなのは誰？**
>
> 　学習者に下線部を考えさせて、発表させます。誰の会話が一番おもしろかったか、話し合ってみましょう。

> **文を完成させましょう**
>
> 　解答例：① 予約をします／キャンセルします／確認します／変更します
> 　　　　　② 約束をしました／予定です／つもりです
> 　　　　　③ 予定です／ことになっています　　④ 予定です
> 　　　　　⑤ 中止／延期になりました　　　　　⑥ キャンセル／変更しました

■聞き取り練習

問題1　聞き取りのポイント

① 男性も女性も普通体で話しています。話の中に「遊園地」という話題が出てくるので、「遊園地に行く日」のことについて「夫婦」が話していると考えられます。「日曜日に子どもたちと遊園地に行くことになってたよな」と男性が言っているので、遊園地は日曜日に行く予定だったことがわかります。男性は「来週の週末は絶対に空けとく」、女性は「来週、絶対だよ」と言っているので、「来週の週末」に変更になったことがわかります。

② 2人とも丁寧体で話しています。ここでは「坂木室長の送別会」と言っているので、「同僚同士」の会話であることがわかります。会社では、上司と部下という上下関係があっても互いに丁寧体で話すことがよくあります。遅れるほうの社員が、「時間は、7時からでしたよね」と確認しており、開始時刻は「7時」です。しかし、「妻が帰って来るまで出かけられない」と言っているため、送別会に行けるのは「妻が帰って来てから」になります。

③ 男性も女性も普通体で話していて、海に行く約束をしていたということから、「恋人同士」であると考えられます。女性が「今日の約束なんだけど」「今日じゃなくて明日にしてもらえない？」と言っているので、「今日」から「明日」になったことがわかります。ただし、男性が「夜になってもまだ具合悪かったら、明日も止めにしたほうがいいかもね」と言っていて、女性も「また今晩電話するね」と言っているので、最終的にどうなるかこの時点ではわかりません。

④ 「予約を入れて（い）た」ことを告げ、予約の変更をお願いしていることから、「店員と客」が「予約の時間」について話していることがわかります。「明日土曜日の6時に予約を入れてた米田と言いますが」と言っていますから、明日土曜日「6時」が元々の予約の時間です。店員が「7時半なら大丈夫」、客がそれに応えて「7時半ですか。じゃあ、それでお願いします」と言っているので、「7時半」に変更になったことがわかります。

問題3

① 週末に<u>やっちゃわないといけない</u>仕事があってさ。
　→「やってしまわないといけない」が元の形です。「〜てしまう／でしまう」が口語では「〜ちゃう／じゃう」という形になることを確認しましょう。

② 子どもがちょっと熱、<u>出しちゃいまして</u>。
　→「出してしまいまして」が「出しちゃいまして」になっています。

③ 頭が痛いんじゃあ、楽しめないしね。

→「痛いのでは(＝痛くては)」が「痛いんじゃあ」になります。

④ じゃあ、今日はゆっくりしなよ。

→「動詞マス形の語幹＋な(よ)」は、口語的な言い回しです。「～なさい」が短くなった形ですが、相手に行為を強いるのではなく、アドバイス等の行為を促すときに使われます。よく似た形に「動詞辞書形＋な(よ)」(例：食べるなよ)がありますが、こちらは禁止を表すので注意が必要です。

⑤ 明日土曜日の6時に予約を入れてた米田と言いますが。

→「予約を入れていた」が「予約を入れてた」になっています。「ている」の「い」は、口語ではこのように省略されることが多いです。

口頭練習　　※口頭で練習しましょう。キューは日本語でも学習者の母語でもいいでしょう。

① 「～ないといけない～があってさ」に変換するドリル

_____ないといけない(　　)があってさ。

　1. 月曜までにやる(仕事)　　　2. 午前中に読む(レポート)　　　3. 今日中に片付ける(こと)
　4. 明日までに運ぶ(荷物)　　　5. 月曜日までに仕上げる(プロジェクト)

② 遅刻するという状況で、「～ちゃいまして」を使って理由の説明や言い訳をするドリル

_____ちゃいまして…。

　1. 電車が遅れる　　　　　2. 電車が止まる　　　　　3. 渋滞にあう
　4. 家を出るときに電話がかかってくる　　　　　5. 家を出るのが遅くなる

③ 「～んじゃあ」を使うドリル

_____んじゃあ、楽しめないしね。

　1. ○○さんが来ない　　2. 明日テストがある　　3. 熱がある
　4. 気分が悪い　　　　　5. 早く帰らなきゃいけない

④ 「～なよ」に変換するドリル

遠慮しないで、_____なよ。

　1. 好きなだけ食べる　　2. もういっぱい飲む　　3. ここに座る
　4. 先に行く　　　　　　5. 先に帰る

⑤ 「～てた」に変換するドリル

6時に_____(自分の名前)と言います。

　1. 予約をしていた　　　　　2. 約束をしていた　　　　　3. 行くことになっていた
　4. うかがうことになっていた　　　5. お会いすることになっていた

■ポイントリスニング

　この問題は、2人の会話を聞いて、約束や予約の変更を告げられた側の人(2人目)が変更に承諾したのか、それとも、承諾しなかったのかを問う問題です。日本語では、はっきりとだめだと言わない場合もありますので、表現だけでなく声の調子にも注意を向けてください。また、答えを確認するだけでなく、話し手がどんな気持ちなのか、どの表現からそれがわかるのか、話し合ってもいいでしょう。

① 「そんなー」という発話は、不同意を表します。「ずっと前から約束してたのに」と「のに」を使っていることからも納得がいかないことがわかります。また、「約束していた」が「約束してた」になっています。
② 店員は「少々お待ちいただくことになるかもしれませんが」と言っているので、待たなければいけないけれども、承諾されたということになります。
③ 「大丈夫？」と相手の体調を聞き、「いいよ、いいよ」と言うことで「気にしなくてもいい」ということを伝えています。キャンセルをして申し訳なく思っている相手に対して、気持ちの負担を軽減しようとする気遣いが感じられます。
④ 「別の打ち合わせが入ってるんだけど」と言っているので、予定の変更には問題があることを伝えています。その前の発話では「あー、困ったなあ」と独り言のように言っています。「それは困ります」と言うと相手を非難しているように聞こえますが、このように言うと強く非難しているようには聞こえません。
⑤ ここでは、「はい、わかりました」と言っているので、承諾していることがわかります。
⑥ 「信じらんない」は「信じられない」のくだけた表現です。口調から気分を害していることがわかります。お互い普通体なので、親しい間柄であることが推測されます。親しい間柄である場合、このように気分を害していることを直接的に伝えることがありますが、そうでない場合は、例えば、「そうなんですか。残念です」等のように、直接的に相手を非難しない表現を使ったりします。

> 表現

〈OKの場合〉

・そっかー、わかった。いいよ。
・そっかー、じゃあ、仕方ないね。
・うん、わかった。大丈夫だよ。

・そうですか。わかりました。
・ええ、大丈夫ですよ。わかりました。
・ええ、かまいませんよ。

〈OKではない場合〉

・えー、そんなー、楽しみにしてたのに。
・えー、うそー。
・信じられない。／信じらんない。
・困ったなあ。どうしても無理？

・そうですか。じゃあ、どうしましょう？
・そうですか。じゃあ、5時からはいかがですか。
・そうですか。スケジュール調整してみますが、ちょっと難しいかもしれませんね。

※仕事に関わることの場合は、特に不快な気持ちを表すのではなく、相手に別の日時を提案したり、相手の都合を聞いてみたりすることが多いです。

■ 重要表現のポイント

ここでは、「予定の変更を頼む」「できなくなった理由を説明する」という2つの機能を取り上げます。

予定の変更を頼む

- 「予定の変更を頼む」場合には、いきなり「○時にしてもらえませんか」と言うのではなく、相手に対して申し訳ないという気持ちを表す前置き表現等があると、次に続く依頼がスムーズに運びます。特に、日時が迫っているような場合は、予定の変更に対する相手の気持ちを配慮した前置き表現が必要です。

表現

＜前置き＞

| | ・ちょっと悪いんだけど
・申し訳ないんだけど
・急なんだけど
・急なことで悪いんだけど | | ・申し訳ないんですが
・(大変)申し訳ありませんが
・急なことで｜申し訳ない｜んですが
　　　　　　｜恐縮な｜ |

＜日時の変更＞

| ・○時から○時に | する
変える
変更する
動かす | ・30分、 | 遅らせる／遅らす
遅くする
早める
早くする |

- 相手に日時を変えてもらうときには、「〜にしてもらってもいい？👕」「〜にしていただけませんか👔」等の表現を使いますが、自分の行う行動について日時の変更を頼むときには「〜にしてもいい？👕」「〜にお願いできないでしょうか👔」という表現を使います。

練習　　　　　　　　　　　　　　　　　※ディクテーション・シート＝p.117

テキストに設定してある状況を単に伝えるのではなく、話の切り出しはどうするか、理由は言うのか言わないのか、どんな理由を言うのか等、表現の工夫をしましょう。フィードバックは、習った表現が使えていたかどうかだけでなく、前置き表現が効果的だったか、声の調子、間の置き方は適切だったか等、多面的に行うといいでしょう。

また、表現形に注目させるために、解答例（🔊15）を利用して、ディクテーションをしてもいいでしょう。

できなくなった理由を説明する

- 予定の変更を頼む場合には、変更を依頼するだけではなく、変更の理由を添えると相手に対して失礼になりません。特に、予定の日時が迫っていたり、自分の都合で予定の変更をお願いする場合は、きちんと事情を説明したほうが相手からの理解を得やすいでしょう。

- できなくなった理由を説明する場合、「急用が入っちゃって、<u>行けなくなったんだ</u>」や「急用が入っちゃって、<u>だめになったんだ</u>」と最後まで言わずに、「急用が入っちゃって…」のように、理由だけを述べて後半部分(行けなくなった／だめになった)を省略することが多いです。理由を述べるだけで自分の意図が相手に十分伝わる場合は、最後まで言わずに省略するほうが、や

わらかく聞こえます。後半部分にどんな言葉が省略されているのか、クラスで考えてみるのもいいでしょう。

・ はじめに予定を立てたときには日時に問題がなかったけれども、そのあとで都合が悪くなってしまった場合は、「用事がある」「(行か)なきゃいけない」のように言うのではなく、「用事が入った/できた」「(行か)なきゃいけなくなった」のような表現を用いて状況が変わったことを伝えます。予定の変更を頼まざるを得ないことに対して申し訳ない気持ちを表したい場合は、文末に「〜てしまう」(話し言葉では「〜ちゃう」)を加えます。

・ フォーマルな場面で理由を説明する場合、「(急に用事が入ってしまい)まして」という言い方があります。「〜ます」のテ形の「〜まして」は、初級ではあまり出てこない表現ですから、おさえておきましょう。

・ フォーマルな場面で理由を説明する場合、「急に用事が入ってしまいましたので」というように、「ので」の前が丁寧形になることがあります。一般的な初級の教科書では、「ので」には普通形が接続すると書かれていることが多いですが、フォーマルな場面では、「丁寧形＋ので」が頻繁に使用されます。

・ 理由の表現をどの順序で述べるのがいいでしょうか。日本語の場合、変更を依頼する前に理由を述べることが多いようです。「申し訳ないんですが → 熱が出てしまいまして → 今日の会議を明日にしていただけますでしょうか」のように、《前置き表現 → 理由の説明 → 変更のお願い》という順序が一般的です。

・ 理由の説明の際には、「用事が入ってしまいまして」のように具体的な理由を述べないこともあれば、「熱が出て」と具体的な理由を述べる場合もあります。状況によっても異なりますし、個人差もあります。どのような場合に具体的な理由を述べたほうがいいと思うか、自分ならどうするか、それはなぜか話し合ってみましょう(例：レストランの予約の変更等の場合は、あえて理由を説明する必要はない、たとえ説明する場合も具体的な理由を述べる必要がない、等)。

表現

＜具体的な理由＞

- 日曜日、大阪に出張に行かなきゃいけなくなったんだ。
- 日曜日、大阪に出張に ┃ 行かなきゃいけなくなっちゃって。
  　　　　　　　　　　　　行くことに ┃ なって。
  　　　　　　　　　　　　　　　　　　 なっちゃって。
  　　　　　　　　　　　　　　　　　　 なってしまって。
  　　　　　　　　　　　　　　　　　　 なってしまいまして。

＜具体的ではない理由＞

- 急に ┃ 用事が ┃ 入った
  突然 ┃ 　　　 ┃ できた
- 急用が ┃ 入った
  　　　　 できた
- 都合が悪くなった
- 急用で〜なきゃいけなくなった

23

▶ 練習　　　　　　　　　　　　　　　　　※ ディクテーション・シート＝ p.118

　テキストに設定してある「理由」を単に相手に説明するのではなく、「予定の変更を頼む」で勉強した「前置き」と変更を依頼する表現も工夫するようにしましょう。会話の相手を〈同僚〉から〈友人〉に変えると、カジュアルとフォーマルの２場面で練習することもできます。フィードバックは、表現が使えていたかどうかだけでなく、理由の説明の順序が効果的だったか、声の調子、間の置き方は適切だったか等、多面的に行うといいでしょう。

　また、表現形に注目させるために、解答例（🔊16）を利用して、ディクテーションをしてもいいでしょう。

■もういっぱい

　トピックに関連する語彙と表現をさらに増やす練習問題です。余裕のある場合に行ってください。

問題１

　「延期」と「中止」は、それぞれ「延期する」「中止する」のように「〜する」を後続させると、主催者側の行為になります。イベント等に参加する側の視点で事態を述べる場合は、どちらも「延期になる」「中止になる」のように「〜になる」で表す必要があることを確認してください。

問題２

① ・お願いする表現は、「してもらってもいい？」です。「してくれる？」なら OK ですが、「してくれてもいい？」とは言いません。
　・「急に」と言っているので、変化の意味を含む「用事が入る」が適切です。
② ・２人とも丁寧体で話しているので、「悪いけど」はくだけすぎています。
　・「いいでしょうか」の場合は、「していただいてもいいでしょうか」となります。
　・同僚 A は、自分は朝一番に取引先に書類を届けてから出社することを相手に伝えています。「届けてほしい」であれば、書類を届けるのは A 以外の誰か（例えば、同僚 B）という意味になってしまい、A 自身が朝のミーティングに間に合わない理由としては不自然です。

語彙・表現のタスク　　　　　　　　　　　　　※ 練習シート＝ p.119

適当な返事を考えましょう

解答例：① いいよ、いいよ。１時間ぐらい。気にしないで。
　　　　② えっ、そんな。楽しみにしてたのに。木曜か金曜とかは？
　　　　③ はい、わかりました。伝えておきますね。お気をつけていらしてください。
　　　　④ どうしよう。困ったなあ。３時から別の打ち合わせが入っているんですよ。
　　　　　 夕方は空いてますか。

■ロールプレイ

[手順]

　ペアやクラス全体で、下のようなストラテジーについての話し合いを行ってから、ロールプレイの練習をするといいでしょう。

- ・　予定の変更を頼むときにどう切り出すか
- ・　理由は具体的に述べたほうがいいのか、それとも具体的に述べる必要はないのか
- ・　予定の変更を願い出るとき、相手が友人の場合と目上の人の場合では、何が異なるか
- ・　予定を変更するとき、相手の都合を聞いたほうがいいのか、聞かなくてもいいのか
- ・　会話はどう締めくくるのが適当か

[フィードバックの観点]

- □　話の流れは適切だったか（一般的には、前置き → 理由 → 用件）
- □　友人と目上の人の場合で表現の使い分けができていたか
- □　理由は述べられていたか（述べないほうがよかったか）
- □　理由は具体的だったか（場合によっては具体的に理由を述べたほうが丁寧）
- □　話の終わり方は適切だったか

[その他のロールプレイタスクの例]

　Cはカジュアルな場面、**F**はフォーマルな場面を示しています。

1　C 仲のいい同僚とテニスをする約束をしています。1時間早く始められないか聞いてください。

2　C クラスメートとピクニックに行く計画を立てていましたが、風邪を引いてしまい、前日の夜になっても熱が下がりません。クラスメートに電話をかけてください。

3　C 日曜日の朝はいつもルームメートと一緒に台所とトイレの掃除をすることになっていますが、友人から電話があって急に出かけることになってしまいました。

4　C 友人とコンサートに行きます。その前に一緒に食事をする予定でしたが、仕事が終わらないので、食事はできそうにありません。友人に電話をかけてください。

5　F 6時半にレストランを予約していましたが、着くのが7時頃になりそうです。レストランに電話をかけてください。

6　F 歯医者の予約をしていましたが、今日は気分が悪いので行けそうにありません。予約を変更してください。

7　F 今日、○○のことで相談があって、先生のオフィスに行くことになっていましたが、来週に変更してもらうことができるかどうか授業の前に聞いてください。

■ロールプレイ準備シート

2人でペアになり、ロールプレイタスクについて下の内容を相談して決めてください。そして、どのように話を進めればよいか2人で準備してから、ロールプレイをしましょう。

> **例** 月曜日にテストがあるので、週末友人と一緒に勉強するつもりでしたが、できなくなってしまいました。友人に直接会って話してください。

話す場所	学校の食堂
誰が誰に？	友人A（エレラ）➡ 友人B（ケン）
人間関係と状況	友人同士。食堂で1人でご飯を食べているケンさんを見つけてエレラさんが声をかける。土曜日の朝から一泊、家族で祖父母のところに行かなくてはならなくなってしまった。もしケンさんがよければ、金曜日の午後に一緒に勉強したいと伝える。ケンさんは、金曜日の午前中大きな試験があるので、試験のあとは少し休みたいと思っている。
内容	エレラさんは、家族のことがあって、一緒に勉強するというケンさんとの約束を守れなくなってしまった。単に約束をキャンセルすることも可能だが、一緒にテスト勉強ができないのは残念なので、別の日時を提示して相手の希望を聞いてみる。
状況説明は複雑？	比較的複雑。テストが目前に迫っている状況で、家族の都合で約束をキャンセルしなければならなくなったことを申し訳なく思っていると伝える。テスト勉強を金曜日の午後に変更するか、あるいは今回は一緒に勉強するのをあきらめるかは、ケンさんの希望を尊重して2人で決める。
使う表現	【会話を始める】 ・ケンさん、今ちょっといい？ ・今週末のことなんだけど…。 ・この週末、一緒にテスト勉強することになってたよね？ 【都合が悪くなったことを述べる】 ・急に、土曜日からおじいちゃん、おばあちゃんのところに行かなきゃいけなくなっちゃって。 【代替案を提示する】 ・悪いんだけど、金曜日の午後に変えてもらえない？ ・申し訳ないんだけど、金曜日にしてもらってもいい？
会話で工夫すること	・エレラさんは、都合が悪くなった理由を、「用事ができた」のような表現ではなく、家族のことでケンさんとの大事な約束が守れなくなったと具体的に伝える。そのほうが、ケンさんの理解を得やすい。 ・別の日時の提案は相手への押しつけにならないようにする。 ・ケンさんは、予定通りテスト勉強ができなくなったことを残念に思う気持ちを表現しながらも、エレラさんの状況も理解できることを伝える。

レストランで

【この課で学習する内容】

　第3課では、レストランの場面で、店員や一緒に食べに行った人にわからないことを質問したり、相手の間違いを指摘したりするときの表現の仕方について学習します。レストランは、初級の教科書でよく取り上げられる場面ですが、そこで対象となる学習項目の多くは、「注文する」に限られています。しかし、実際、レストランでは注文以外の表現も必要になってきます。メニューの名前等よくわからない言葉が少なくなく、注文したくてもそれが何かわからないために思うように注文できなかったり、自分が頼んだ物と違う物が出てきたりすることがあります。相手の間違いを指摘するときには、相手を非難するような言い方を避けたほうが良好な人間関係を保つことができるでしょう。

　ここでは、わからないことを質問したり、相手の間違いを具体的に指摘したりする表現を中心に、内容に応じてそれらの表現を使い分ける力を身につけることを目標としています。さらに、レストランという場面特有の語彙や表現に慣れ、客の立場から相手に失礼にならない会話の進め方を学習者が習得することもこの課の目標です。

■聞き取り練習の前に

> レストランで困ることには、どんなことがありますか。

　学習者にレストランで困ったことや失敗したことはないかを尋ね、ウォーミングアップとします。外国語の環境でなくても、メニューの名前に馴染みがなかったり、壁や入口に書いてあるサインやポスターの意味がわからなかったりすることはよくあります。また、運ばれてきた料理が違っていることも珍しくありません。学習者には、そのような場合どんな表現を用いて対応するとよいか考えさせるといいでしょう。

　また、ここでは、初級段階で学習するレストランに関わる語彙・表現等について、どの程度習得できているか、確認することもできます。確認する際には、それをどんな場面で使うのかにも注意しましょう。

> レストランに関わる語彙・表現

　以下に挙げるのは、初級で学習済みだと考えられる語彙・表現です。

● **注文するときの表現**

・コーヒー、｜ ください。
　　　　　　｜ お願いします。

・コーヒーにします。
・私は、コーヒー。
・ホットで。
・コーヒー2つと卵サンド1つ（ください）。

※「私は」と始めるのは、自分と同席している人がいる場合だけです。1人で座っている場合に「私は」は不要です。

● **メニューにない物を注文したいときの表現**

・カプチーノ、ありますか。
・ホットミルク、できますか。

● 水やお皿等をもらいたいときの表現

水、 熱いお湯、 小さいお皿、 フォーク、	もらえますか。 いただけますか。

● タバコに関する表現

・禁煙席 ｜ （で）、お願いします。
　喫煙席 ｜

・タバコ（を）吸って（も） ｜ いいですか。
　　　　　　　　　　　　　 ｜ 大丈夫ですか。

・灰皿（は）、ありますか。

● 支払いをするときの表現

・お勘定、お願いします。

・別々に ｜ お願いします。
　一緒に ｜

・これ（カード）でお願いします。

・現金 ｜ 使えますか。
　カード ｜
　割引券（クーポン） ｜

・レシート ｜ いただけますか。
　領収書 ｜ お願いしたいんですが。

■語彙と表現の学習

【1】主にレストランで客がする行為の動詞を集めました。問題を解いたあとで、それぞれの行為をする／したときに、店員に対して何と言うかクラスで確認するといいでしょう。

こぼす、落とす：「こぼす」は、お皿やコップ、缶等の容器から、その中に入っている物を不注意で出してしまうときに使います。「落とす」は、その物（コップ、スプーン、お皿の上のパン等）をまるごと落とすときに使います。

呼ぶ：人に声をかけて近くに来てもらいたいときに「呼ぶ」を使います。

注文する、頼む：どちらもレストランではメニューにある物の注文をしたいときに使います。「注文する」は、お金を払ってそれを手に入れる場合にのみ使いますから、メニューにない水やナプキン、小皿、また「禁煙席」や「領収書」等を求める場合は「頼む」しか使えません。「オーダーする」という言葉もありますが、これは、物品を扱う店での個別注文や大口注文、またネット販売等で使用されることが多いようです。レストランでは、閉店間近でもうこれ以上注文ができないときに、「オーダーストップは10時です」という表現を使います。

（変な）味がする：レストランで客が行う行為の動詞ではありませんが、食事の場面でよく使われる、覚えておくと便利な表現です。「変な味がする、いちごの味がする」等のように使います。味以外にも「いい／甘い匂いがする、変な臭いがする」もよく使われます。

① スプーンは容器の中に入っている物ではありませんから、答えは「コーヒー」になります。ただし、缶コーヒーのような物をまるごと落とす場合なら「コーヒーを落とす」とも言えますが、コップに入っているコーヒーが外に流れてしまったときには、「こぼす」しか使えません。

② スープが入っている皿ごとの落下であれば「落とす」と言えなくもありませんが、スープが皿から出てしまった場合は「こぼす」を使います。従って、ここでは「お箸」が適当です。

③ 「頼む」や「注文する」は、お金を払ってそれを自分の物にする場合に使いますから、人には使えません。店員に自分のいるところまで来てほしい場合は「呼ぶ」となります。また、ウェイターに自分のほしい物を告げたいのであれば、「ウェイターにホットコーヒーを頼む」となります。

④ 「払う」は、「お金を払う」というように目的語はお金になります。ですから、この場合は「注文する」になります。

⑤ メニューに載っていてそれに金銭を支払う物以外には「注文する」は使用できません。

⑥「変な味がする」は定型表現です。「おいしい味がする」とは言わず、単に「おいしい」と言います。

【2】味の形容について用いられる言葉を整理する問題です。使える物と使えない物に分けるだけでなく、特に使える物に関してはどのように使うか、またどのような味をその言葉を使って表現するか、ということも確認できるといいでしょう。

a. まずい:「おいしくない」「味が悪い」の意味です。「このやり方は少しまずい」のように「具合が悪い、よくない」等の意味でも用います。
b. 冷たい:温度についての言葉です。
c. 薄い:「物の味(辛さや甘さ等)が濃くない」の意味です。スープやコーヒー等に多く使用されます。また「スープ／コーヒーが薄い」だけでなく、「このカレー、味が薄い」というように使われることも多いです。
d. ぬるい:液体の温度が期待通りではないときに使います。「このビール／スープはぬるくておいしくない」のように否定的なニュアンスを含む場合に使います。
e. 熱い:「お皿が熱い」や「この味噌汁は熱い」等、物の温度が高いときに使います。
f. 甘い:砂糖等の味を意味します。
g. 辛い:激しく舌を刺激するような味で、塩味が強い場合にも香辛料等の刺激が強い場合にも使われます。日本酒やワインについて言う場合は、「辛口」と言い、甘味が少ないことを表します。
h. 酸っぱい:酢やレモンのような酸味の強い味を「酸っぱい」と言います。
i. 濃い:「薄い」の対義語として用いられます。「このコーヒー／お茶は濃い」という言い方をします。こちらも「味が濃い」の形で使われることが多いです。
j. 塩辛い:「辛い」と形容される物のうち塩味が強い場合には、スパイスが強い「辛い」と区別するため「塩辛い」が多く使われます。「しょっぱい」と言われることもあります。

ほかに、「脂っこい(ソース)」「苦い(飲み物)」「しぶい(お茶)」「スパイシーな(料理)」「甘酸っぱい(お菓子)」等、学習者のレベルに応じてさらに語彙を導入したり、学習者に知っている言葉を挙げてもらいクラスで確認したりしてもいいでしょう。

語彙・表現のタスク　　　　　　　　　　　　　　　　　　　　　※ 練習シート= p.120

こんなとき、店員にどう言いますか

解答例:① すみません、新しいフォークください。
　　　　② すみません、デザートのメニューありますか。
　　　　③ お皿もらえませんか。
　　　　④ コーヒーのおかわりいただけますか。
　　　　⑤ すみません、ジュース、こぼしちゃったんですけど。

○○はこんな味

ウォーミングアップの【2】にある言葉を参考にして、学習者が与えられたカードにある食べ物や飲み物について説明します。ただし、その物の名前や色を言ってはいけません。ほかの人は、説明を聞いてそれが何か当てます。クラスのサイズや学習者のレベルによっては、1人の学習者が説明するのではなく、カードを持っている1人の学習者にほかの学習者がYes/Noの質問をすることで、それがどんな食べ物（飲み物）か当てるというルールにしてもいいでしょう。その場合も色を質問してはいけないことにすると難しくなります。

キューの例

　飲み物：お茶、コーヒー、ワイン、お酒、ビール…

　食べ物：すし、カレー、梅干、納豆、ラーメン、味噌汁、レモン、ケーキ、ピザ…

説明の例

・「すし」：「これ」は世界中で人気があります。新しい魚を使います。わさびがたくさん
　　　　　入っているのは辛いですが、私は辛いのが好きです。

・「お茶」：「これ」は、普通熱いのを飲みますが、夏は冷たいのも飲みます。砂糖は入れま
　　　　　せんから、私には少し苦いです。

・「コーヒー」：私は濃いのが好きです。たくさん飲むと寝られません。そのままだと苦い
　　　　　ので、砂糖やミルクを入れます。

質問の例

・「すし」：食べ物ですか。高いですか。○○さんの国でも食べられますか。手で食べる人
　　　　　もいますか。

・「お茶」：飲み物ですか。砂糖を入れますか。甘いですか。熱いですか、冷たいですか。
　　　　　日本人はよく飲みますか。

・「コーヒー」：飲み物ですか。甘いですか。酸っぱいですか。○○さんは毎日飲みますか。
　　　　　コンビニで買えますか。

■聞き取り練習

問題1　聞き取りのポイント

① 「注文、お願いします」「ご注文はいかがいたしましょう？」等と言っているところから、「店員と客」の会話であることがわかります。また、「天ぷら盛り合わせ」「サラダ」が会話に出てくるので、それらが話題であることは明らかです。そして、「天ぷら盛り合わせって、何が入ってるんですか」「この気まぐれサラダって、何ですか」から、料理について「質問」していることがわかります。

② お互い普通体で話していることから親しい関係であることがわかります。従って、「友人同士」が最も適した解答であると言えます。話題は男性が女性に尋ねている「フェジョアーダ」という名前のブラジル料理です。そして、「このフェジョ…フェジョアダ…って何？」「どんな味なの？」等から、料理について相手に「質問」していると判断できます。

③ 会話が「ご注文は？」で始まっているので、「店員と客」の会話であることがわかります。会話の最後の部分は客同士の会話ですが、男性は女性に普通体を、女性は男性に丁寧体を使ってい

るところから、彼らが上下関係のある「同僚同士」であると推測できます。話題は男性が注文
した「コーラ」についてです。まず、「僕、氷は入れないでって言ったんだけど」とあるので、
男性は氷の入っていない飲み物を注文したにも関わらず運ばれてきた飲み物には氷が入ってい
たため、それを店員に「指摘」しています。そして、「どうして、氷はだめなんですか」とある
ので、客の1人が同僚になぜ氷が入っていると嫌なのか「質問」しています。

④ 「ミートソースのお客様」「こちら、きのこパスタです」というところから、「店員と客」の会話
であることがわかります。男性が注文した「きのこパスタ」に問題があったために、それにつ
いて話しています。そして、「トマトソースじゃなくて、クリームソースを頼んだと思うんです
けど」と言っていることから、パスタのソースが間違っていることを「指摘」しているのがわ
かります。

問題3

① 天ぷら盛り合わせって、<u>何が入ってるんですか</u>。
→ 口語では「(天ぷら盛り合わせ)というのは」は短く「って」で代用されることが多いです。
「入っている」が「入ってる」に、「のですか」が「んですか」になっています。

② 俺、ブラジル料理食べるの、今日が<u>初めてなんだ</u>。
→ 「ブラジル料理を食べるのは」の助詞「を」「は」が省略されています。「初めてなんだ」は
「初めてなのだ」の口語的な言い方です。

③ 氷は入れないでって<u>言ったんだけど</u>。
→ 口語では引用の「と」は「って」になることが多いです。「言ったのだ」が「言ったんだ」、
「けれども」が「けど」になっており、文を最後まで言い切らない形になっています。

④ トマトソース<u>じゃなくて</u>、クリームソースを<u>頼んだと思うんですけど</u>。
→ 「ではなくて」は「じゃなくて」、「思うのです」は「思うんです」に、そして「けれども」が
「けど」になり、また言い差しの形で文を終えることで相手を非難するようなニュアンスをお
さえています。

⑤ えっ、サービス？　<u>いいんですか</u>。すみません。
→ 「いいのですか」が「いいんですか」になっています。相手の出した提案に対して、本当にそ
れで問題がないかを尋ねています。

口頭練習 ※口頭で練習しましょう。キューは日本語でも学習者の母語でもいいでしょう。

① 「～んですか」を使うドリル

_____って、_____んですか。

1. すし盛り合わせ／何が入ってる　　　2. ソフトドリンク／何がある
3. ソース／何がかかってる　　　　　　4. モーニングサービス／何時までやってる
5. ベトナム料理／どんなものがある

② 助詞「を」を省略して、「～の」を使うドリル

_____の、今日が初めてなんだ。

1. ペルー料理を食べる　　2. ウォッカを飲む　　3. ここで食事をする
4. ここでスープを注文する　　5. ここで打ち上げをする

③ 「～って～んだけど」のドリル

_____って_____んだけど。

1. チーズは入れないで／言った   2. そこで待ってて／言われた

3. タバコは吸わないで／書いてある   4. お客さんは入らないで／書いてある

5. にんにくなしで／頼んだ

④ 「～じゃなくて、～と思うんですけど」を使うドリル

_____じゃなくて、_____と思うんですけど。

1. コーヒー／紅茶を頼んだ   2. 熱いの／冷たいのを注文した

3. ケーキだけ／ケーキセットにした   4. 喫煙席／禁煙席をお願いした

5. パン／ライスって言った

■ポイントリスニング

　この問題は、「いいです」が「必要ない、もう要りません」の意味なのか、「すばらしい、おすすめです」の意味で用いられているのかを判断する問題です。「いいです」のイントネーションが判断材料になることもありますし、「～ても」や「～のほうが」等が文中にあることで、どちらの意味かわかる場合もありますから、その点を学習者に気付かせてください。スクリプトを読んだだけでは判断がつかないものについてはイントネーションがより大きな役割を果たしていることが多いので、聞いたあとで言ってみる練習をしてみるといいでしょう。

① 「いいです、かえなくても」というのは、「かえなくてもいいです」の前半部分と後半部分が倒置された形になっています。「なくてもいい」なので、「必要ない」の意味になります。

② 「行ってみたら？」と相手に勧めているので、「ここ、いいですよ」が「この場所」について肯定的なコメントをしていることがわかります。

③ 「このセットのほうがいいですね」と「～のほうがいい」と言っているので、「すばらしい」の意味になります。

④ 「デザート？　デザートはいいよ」は、スクリプトを読んでいるだけでは、どちらの意味か判断できません。これは「いいよ」のイントネーションが決め手になりますから、「すばらしい」の意味になるのか、「必要ない」の意味になるのか、教師が実際に発音し学習者に判断させる等の工夫が必要でしょう。テキストの音声では「必要ない」の意味になります。

⑤ 「（ドリンクセット）のほうがいい」は、ほかと比べてドリンクセットのほうが「おすすめです」の意味です。

⑥ 「このお店」について、「おしゃれだ」と肯定的に言っていることと、「いいよー」というイントネーションから、「すばらしい、おすすめです」の意味だと判断できます。

表現

〈「すばらしい、おすすめです」の意味の場合〉

これ これが こっちのほうが	いいです（よ／ね）。
・あの店、おいしい	から、 ので、 し、	いいです（よ）。

〈「必要ない、要りません」の意味の場合〉

もう こんなに そんなに 行かなくても	いいですよ。

■重要表現のポイント

ここでは、「質問する」「相手の間違いを指摘する」という2つの機能を取り上げます。

質問する

- 質問したい事柄が質問者にとって馴染みのない事柄であれば、それを「天ぷら盛り合わせは何ですか」と言うのではなく、「って」を用いて「天ぷら盛り合わせって（天ぷら盛り合わせというのは）何ですか」と言うことで、相手に自分がその事柄についてはよく知らないという情報を伝えることができます。
- 相手に説明を求めるときには、「～んですか」「～の？」の形で質問をするほうが自然です。文末に「んですか」「の？」を用いることで、自分には答えがわからないので教えてほしい、答えが知りたいという気持ちを含むことができます。特に疑問詞がある場合は、「何が入っていますか」よりも「何が入っているんですか」のように「んですか」で終わる形が多く使われます。
- あるメニューにどんな物が材料として使われているのかを尋ねるときには、「～って、何が入っているんですか」と聞きます。

表現

＜質問のための前置き＞

- ここに～って ｜ ありますけど…
  　　　　　　　｜ 書いてありますけど…
- ～って聞いたんですけど…
- 雑誌で～って読んだんですけど…
- ネットに～って書いてあったんですけど…

＜どんな物かを尋ねたい場合＞

- 五目寿司って ｜ 何ですか。
  　　　　　　 ｜ どういう物なんですか。
  　　　　　　 ｜ 何が入ってるんですか。
- 日本の梨って ｜ どんな味がするんですか。
  　　　　　　 ｜ やわらかいんですか。
- デザートって ｜ 何があるんですか。
  　　　　　　 ｜ どんなのがあるんですか。
- Aセットって何がついてくるんですか。

＜営業時間等を尋ねたい場合＞

- ランチって何時から何時までやってるんですか。
- この店って ｜ 休日も ｜ やってるんですか。
  　　　　　 ｜ 　　　 ｜ 開いてるんですか。
  　　　　　 ｜ 何曜日が休みなんですか。

※「ですか」に代わって「でしょうか」を使用するとより丁寧な印象を与えます。
※ カジュアルな場面では、「～んですか」を「～の？」にします。

練習

※ ディクテーション・シート＝p.121

テキストに設定してある状況からは、スープや飲み物について知りたいとき、「土日祝」や「0のつく日」という言葉の意味がわからないとき等、様々な質問事項が考えられます。何について尋ねたいか、それに対して適当な答えを得るためにはどう質問するのが効果的か、考えてもらうようにしましょう。フィードバックは、習った表現が使えていたかどうかだけでなく、質問の焦点がずれていなかったか、質問をする相手に対して失礼ではなかったか、前置きを入れたほうがわかりやすかったか等、多面的に行うといいでしょう。

また、表現形に注目させるために、解答例（◀))23）を利用して、ディクテーションをしてもいいでしょう。

相手の間違いを指摘する

- 相手の間違いを指摘する場合には、非難するような言い方は避けられます。
- 親しい間柄でもそうでない場合でも、言い切りの形で文を終えず、否定の接続助詞「けど」や「が」で文を終えたり、疑問の形にしたりすることで、間違いの指摘が攻撃的でなくなります。
- 相手に非があると自信を持って言える場合でも、相手の間違いを直接的に指摘するのではなく、「自分はそう言わなかったと思う」「自分はそのつもりじゃなかった」けれど、相手が自分の言ったことを聞き間違えたのか、あるいは相手が誤解したかもしれないという可能性を述べるにとどめることが多いようです。その際、動詞の過去形を用いて「〜たはずなんですけど」「〜たはずだったんですけど」という言い方が使われます。「〜たはず」は話し手が思っていたことと現実が違っていた場合に使われ、話し手の疑いの気持ちを表す表現で、初級では未習のことが多いので説明が必要です。
- 間違いの訂正の仕方には、「（私が注文したのは）Aじゃない／じゃなかった」と間違っていることだけを述べる場合、「（私が注文したのは）Bだ／だった」と正しいほうだけを述べる場合、そして「（私が注文したのは）AじゃなくてBだ／だった」と間違いの箇所を明確にした上で訂正する場合があります。「（Aじゃなくて）Bって言ったと思うんですけど」「Bだったと思うんですけど」というように「と思う」をつけると、やわらかく聞こえます。
- 初級の教科書では普通、動詞の否定形は「〜ません／ませんでした」が提示されていますが、実際の話し言葉では、「〜ないです／なかったです」のほうが頻繁に使われています。「私、禁煙席って言いませんでしたか」と言うよりも「私、禁煙席って言わなかったですか」と言ったほうが相手に与える印象はやわらかくなります。
- 相手が自分の提示した情報を正確に理解していないと気付いた場合は、重要表現にあるような指摘の仕方のほかに、あえて同じ情報を繰り返すことで、相手に間違いを気付かせることもできます。練習④の解答例を参考にしてください。

表現

<間違いの指摘>

- （私が）| 注文した | のは、| コーヒーなんですけど。
  | 頼んだ | | コーヒーのはずなんですけど。
  | お願いした | | コーヒーのはずだったんですけど。
  | | | 紅茶じゃないんですけど。
  | | | 紅茶じゃなくてコーヒー | なんですけど。
  | | | | だったと思うんですけど。

- コーヒーを | 注文した | と思うんですけど。
  | 頼んだ | つもり／はずだったんですけど。
  | お願いした |
  コーヒーって言った |

練習

※ ディクテーション・シート＝ p.122

テキストに設定してある「間違い」を単に相手に伝えるのではなく、会話の切り出しが失礼にならないような工夫をするよう促しましょう。フィードバックは、表現が使えていたかどうかだけでなく、相手に不快感を与えなかったかどうか、声の調子、間の置き方は適切だったか等、多面的に行うといいでしょう。

また、表現形に注目させるために、解答例（🔊24）を利用して、ディクテーションをしてもいいでしょう。

■もういっぱい

トピックに関連する語彙と表現をさらに増やす練習問題です。余裕のある場合に行ってください。

問題1

レストランで店員や客がよく使用する表現についての問題です。店員の表現に関しては、聞いて理解でき、それに適切に答えることができるかどうか確認してください。それぞれの場面について店員が使う表現と客が使う表現を選ぶわけですが、答えとなる表現がそれぞれ対応関係にあるとは限りません。その場合は、それぞれに対応する表現についても考えましょう。

① ・客が店に入ったときに店員が発する一声はおそらく「いらっしゃいませ」でしょう。「何名様ですか」に対して客は「2人です」のように答えます。
　　・あらかじめ予約をしていた場合は、「8時の予約をした田中ですが」と始めます。

② ・ここでの店員の言葉は、客が注文をしたり何かを頼んだりしたときに用いられます。「少々お待ちください」は店員や受付係が客に対して使用する表現で、それ以外の場合には使われません。
　　・「ご注文は以上でよろしいでしょうか」は、客が注文したい物を店員に伝え終わったときに店員がそれで全部か確認するために用います。客は「はい」と答えればいいでしょう。
　　・客は取り皿がほしい場合、「小さいお皿をいただけますか」と言います。料理が運ばれてからや食事中（③のタイミング）以外に、注文の際にも頼むことができます。

③ ・食事中には、取り皿のほかにフォークやナプキン等も頼むことができます。
　　・「取り替える」は今手にしている物を別の（新しい）物と交換する意味です。食事中に箸やスプーン等を交換してほしい場合に用います。

④ ・お金を支払う際に、複数の人間が同席していた場合はレジで「ご一緒でよろしいでしょうか」と聞かれることがあります。聞かれなかった場合は、自分から「別々にお願いします」と言ってかまいません。
　　・「ご一緒でよろしいでしょうか」と聞かれたとき、一緒に支払う場合は「はい」と、それぞれ注文した人が自分の注文した物を支払うのであれば、「別々にお願いします」と答えます。
　　・レシートではなく正式な領収書が必要な場合は、「領収書」という言葉を用いて頼みます。

問題2

① 店員が持ってきた飲み物が間違っていたことを客が指摘しているので、店員は謝罪のあと「取り替えます」と言うのが適切です。

② 注文しているのが「ランチ」なので、時間限定のメニューである可能性があります。「そちらは2時までとなっております」と言って謝るのが適切です。

③ ナイフを落としたのは客ですから、店員は謝る必要はありません。「すぐ持ってくる」という意味の「すぐお持ちします」が適当です。

④ 客は料理に、卵が使用されているかどうかを尋ねています。聞かれた店員は答えられない場合、ほかの店員等に聞きに行くのが自然です。

語彙・表現のタスク　　　　　　　　　　　　　　　　　**※ 練習シート＝ p.123**

適当な順番に並べましょう
解答：　①b → a → d → c → e　　②d → c → a → b

■ロールプレイ

[手順]

　ペアやクラス全体で、下のようなストラテジーについての話し合いを行ってから、ロールプレイの練習をするといいでしょう。また、様々な状況を組み入れて、レストランに入ってから出るまでのスキットをグループで作成し、発表してもらってもおもしろいでしょう。

　　・　わからないことを質問したいときにどう切り出すか
　　・　質問したいことの内容にはどんな問いの形式が適当か
　　・　相手の間違いを指摘するときにどう切り出すか
　　・　間違いをどう指摘するかで丁寧さの度合いがどのように変わるか
　　・　会話はどう締めくくるのが適当か

[フィードバックの観点]

　　□　質問したり相手の間違いを指摘したりするときの前置き表現は必要だったか
　　□　質問の内容に応じた問いの形式が使われていたか
　　□　間違いの指摘は的確だったか
　　□　間違いを指摘するときに相手を責めているような印象を与えなかったか
　　□　友人に話す場合と店員や目上の人に話す場合とで表現の使い分けができていたか
　　□　話の終わり方は適切だったか

[その他のロールプレイタスクの例]

　　Cはカジュアルな場面、Fはフォーマルな場面を示しています。

1 C メニューのコーヒーのところに「おかわり自由」と書いてあります。友人にどんな意味か聞いてください。

2 C 食べたことのない料理に興味があるのですが、料理の中に自分が食べられない○○が入っていないかどうか心配です。友人に聞いてください。

3 C 友人にサンドイッチを買ってきてもらいましたが、頼んだ物と少し違うようです。友人に確かめてください。

4 F メニューに「すし盛り合わせ」と書いてあります。どんなすしがいくつぐらい出てくるのか店員に聞いてみてください。

5 F メニューに「今日のおすすめ」と書いてあります。料理は何か店員に聞いてください。

6 F ケーキセットで選ぶことのできるケーキについて店員に聞いてください。

7 F コーヒーは食事のあとで飲みたいと言ったのですが、食事の前に運ばれてきました。店員に言ってください。

8 F 自分が頼んだラーメンと運ばれてきたラーメンが違っていました。店員に言ってください。

■ロールプレイ準備シート 　　　※ ロールプレイ準備シート

2人でペアになり、ロールプレイタスクについて下の内容を相談して決めてください。そして、どのように話を進めればよいか2人で準備してから、ロールプレイをしましょう。

> **例**　料理の中に、ある材料を入れないでほしいと店員に頼みましたが、運ばれてきた料理にはそれが入っていました。店員に間違いを指摘してください。

話す場所	レストランで
誰が誰に？	学生（客）➡ 店員
人間関係と状況	客である学生が、店員に、料理にパクチー（コリアンダー）を入れないでほしいと頼む。この店は、何度も来たことがあって、店員とは顔馴染みである。
内容	苦手なので料理にパクチーを入れないでほしいと頼むが、出された料理の上には、パクチーがのっていた。
状況説明は複雑？	それほど複雑ではない。パクチーは苦手だが、上に飾りとしてのっているだけで、それを取り除けば食べられるので、そのようにすると告げる。しかし、ほかの料理には、もうこれ以上パクチーを使わないでほしいと言う。
使う表現	【会話を始める】 ・あの、ちょっとすみません。 【質問する】 ・この料理って、パクチーが入ってるんですか。 【間違いを指摘する】 ・料理を頼んだとき、パクチーは入れないでほしいって言ったはずだったんですけど。
会話で工夫すること	・学生（客）は、自分のお願い（＝パクチーを入れないでほしい）を相手にきちんと伝える。 ・学生（客）は、相手の間違いを失礼にならないように指摘する。 ・店員は、間違いを認め、どのような対応をすべきか即座に考える。

LESSON 4　旅行の感想

【この課で学習する内容】

　第4課では、旅行の感想の述べ方、旅行の感想を聞いたときの返答の仕方について学習します。初級の会話教材では、頼む、誘う、許可を求める等、相手に対する働きかけの機能が扱われることが多く、感想を述べたりそれに対して返答したりするといった、話し手の気持ちを表す機能が扱われることはあまり多くありません。しかし、日常生活においては、週末や休暇にどんなことをしたかを話題として取り上げ、それについて自分の感想を伝える場面はよくあります。そのため、感想を交えながら自分の経験を話したり、相手の話を聞いてそれにコメントしたりするときの表現に慣れておくことが大切です。

　ここでは、自分が経験をしたことに対して肯定的・否定的な感想を述べる、また、相手の述べた感想に対してうらやましいという気持ちを伝える表現を中心に、内容や相手に応じて表現を使い分ける力を身につけることを目標としています。さらに、旅行や外出の場面でよく使用される語彙や表現を習得することもこの課の目標です。

■聞き取り練習の前に

> 今までに行ったところで、思い出に残っているところはどこですか。

　学習者に旅行等の思い出について尋ね、ウォーミングアップとします。日本のどこを旅行したかを話す学習者もいるでしょうし、日本に来たことがない学習者には自国の観光地や旅行で行った場所について説明してもらうこともできます。日本についての知識を持っているだけでなく、学習者が自国について説明できることも大切です。

　また、初級段階で学習する感想や経験を語るときの語彙・表現等について、どの程度理解しているかここで確認することもできます。

旅行に関わる語彙・表現

以下に挙げるのは、初級で学習済みだと考えられる語彙・表現です。

● **経験について述べる表現**

- ・日本に行ったことがあります。
- ・まだ行ったことがありません。
- ・何度も/何回も行ったことがあります。
- ・もう行きました。
- ・一度も/一回も行ったことがありません。
- ・去年、初めて富士山に登りました。
- ・京都に、祇園祭という祭りを見に行きました。

● **場所について説明する表現**

- ・広島はかきが/で有名です。
- ・富士山は、日本で一番高い山です。
- ・日本では、いろいろなところで夏に花火大会があります。
- ・祭りは7月の初めから1週間ぐらい行われます。

■語彙と表現の学習

【1】旅行に関わる語彙について学習する問題です。その単語を使った熟語やその単語と一緒によく使われる動詞もおさえておくといいでしょう。「旅」や「旅行」は、いつでも行ける場所については使うことができません（例えば、東京に住んでいる人にとっての「浅草」や、大阪に住んでいる人にとっての「大阪城」等）。このような場合、有名な観光地であっても、「旅行」とは言わず、「外出する」「出かける」という言葉を一般的に用いますので、学習者がその点を理解しているかも確認してください。

旅行： 旅、外出、遠出、ドライブ、国内旅行、海外旅行、ヨーロッパ旅行、団体旅行、パック旅行、日帰り旅行、一泊旅行、一人旅、卒業旅行、世界一周旅行、旅行に申し込む、九州に旅行に行く、旅行をする、北海道を旅行する…

ビザ： 観光ビザ、ビザが要る、ビザが必要だ、ビザを取る…

○○語： 英語が通じる、英語が話せる、英語ができない…

休み： 夏休み、祝日、連休、3連休、ゴールデンウィーク、お盆休み、年末年始、正月休み、長期休暇、有休、休みを取る、休みを使う、休みをもらう…

① 日本にいて外国に旅行に行く場合、「海外旅行」という語が多く使われます。

② 日本語で、旅券は「パスポート」、査証は「ビザ」と言うのが一般的です。海外に行く場合、パスポートは必携なので、答えは「ビザ」です。

③ 「休みを取る」という言い方が一般的です。「休みを作る」とは言いません。「休みを取る」は、仕事をしている人が使います。学生の場合は、「学校／授業を休む」と言います。

④ 「スペイン語が」に続く語彙としては「話せる」と「通じる」の両方が考えられますが、意味が異なります。「(○○語)が通じる」は、現地ではその言語がわかる人がいるということ、および、自分の話す言語が相手に伝わることを表します。それに対し、「(○○語)が話せる」は、自分に話す能力があるということを表す表現です。従って、ここではペルーに行って実際に試してみたいと言っているので、答えは「通じる」です。

【2】旅行の感想を述べている会話です。日本語特有の言い回しや定型表現に注意しましょう。

・ 旅行先で買った物は、「プレゼント」ではなく「お土産」と言います。日本では、旅行に行ったときに家族や友人、同僚や近所の人にお土産を買って帰るという習慣があります。

・ 新しく手に入れた物や経験したことに好感を覚えることを表す場合、状態を表す「好きだ」ではなく、「～が気に入る」という表現を用います。「気に入ってもらえるとうれしい」を丁寧に言う場合は、「気に入っていただけるとうれしいです」となります。

・ 「お世話になる」は定型表現です。「お手伝いになる」とは言いません。「(お)手伝い」は「(引っ越し／祖母)の(お)手伝いをする」のように使います。

・ 初めて何かをする場合には、「初めての(海外旅行)」「初めて(海外旅行を)する」という言い方をします。「一回目の○○」は順番が焦点になっている場合に使います（例：「一回目のテスト」「一回目のチャレンジ」）。

・ 飛行機に乗るなどして、時差のために睡眠等のリズムが乱れて体調が崩れることを「時差ぼけ」と言います。「睡眠不足」は、単なる寝不足のときに使う言葉です。

| 語彙・表現のタスク | ※ 練習シート＝p.124 |

適当な言葉を入れましょう

解答例：① a. 初めて　b. 取る　② a. 取って／もらって　b. 通じる　③ 要る／必要な

何と言いますか

解答：　① 楽しみなんです　② かかる　③ 乗り換え
　　　　④ 楽しんできてくださいね　⑤ お世話になりますが

■聞き取り練習

問題1　聞き取りのポイント

① 女性同士が普通体で話しています。この場合、話の中に「授業」という言葉が出てくるので、学生で「友人同士」であることがわかります。話題は「韓国」です。旅行の感想を聞かれて「よかったよー」と答え、よかった点として、「食べ物」「買い物」「日本語が通じたこと」「友達ができたこと」等を挙げています。

② 2人とも丁寧体で話しているので、会社の「同僚同士」であると予想できます。話題は「キャンプ」です。「さんざんだった」「渋滞がひどい」「待たされる」等の言葉から、よく思っていないことがわかります。「待たされる」という使役受身の文は否定的な見解を述べる表現であることに留意しましょう。

③ 2人とも丁寧体で話していて、「隣の青木です」「いつも珍しい物をいただいて」「留守中、お世話になりました」と言っているので、「近所の人同士」であると考えられます。話題は「マレーシア」です。「留守中、お世話になりました」は、留守の間、特別なことをしてもらっていなくても近所の人同士でよく交わされる挨拶です。「きれいな海」「食べ物もおいしい」「とってもよかった」等の言葉から、旅行についてよく思っていることがわかります。

④ 1人が丁寧体、もう1人は普通体で話していること、1人が相手を「課長」と呼んでいることから、上下関係のある「上司と部下」の間柄だということがわかります。話題は「日光」です。旅行を楽しんだということが、「最高だったよ」「1200年の歴史を感じた」「建物もすごかった」「紅葉がきれいでよかった」等の言葉からわかります。

問題3

① 日本語がけっこう通じるんだ。
　→「のだ」は、口語では「んだ」になります。「けっこう」も口語では頻繁に使われます。

② それに、キャンプ場もすっごい人で、受付でも待たされるし。
　→「待つ」の使役の形には「待たせる」と「待たす」がありますが、それが受身文になると「待たせられて」という形よりも「待たされて」という短い表現のほうがよく使われます。特に、「待つ」のような五段動詞(u-verb, Group 1 動詞)の使役受身によく見られます。また、「それに」は前に述べたプラスやマイナスのコメントに、さらにプラスやマイナスのコメントを加える場合に用います。

③ おまけに、夜もうるさくてうるさくて。
　→「おまけに」は、「それに」や「その上」のように、前に述べたことと関連のある事柄や状態を加えるときに使われます。否定的な内容で使われることが多いです。「うるさくてうるさく

て」は、「うるさくて」を強調する言い方で、話し言葉ではこのように言葉を重ねて強調することがあります。「暑くて暑くて」「見て見て」「ほらほら」等です。

④ これ、お口に合うかどうかわかりませんが、どうぞ召し上がってください。
→ 食べ物や飲み物を人にあげるときの定型表現です。「どうぞ召し上がってください」の部分が省略されることもあります。

⑤ 日光って、けっこう遠いですよね。
→ 「○○って」は、ある物事について、新しい知識を得たり、あらためて認識を深めたりした際に、それを話題として取り上げるときに用いられます。

口頭練習　※口頭で練習しましょう。キューは日本語でも学習者の母語でもいいでしょう。

① 使役受身の形（〜されて、〜させられて）に変換するドリル

_____、大変だったんですよ。

　　1. カラオケで歌う　　　　2. お酒を飲む　　　　3. みんなの前でスピーチする
　　4. 買い物に行く　　　　　5. 仕事が終わらなくて残業する

② 「〜て〜て、〜よ」に変換するドリル

_____て_____て、_____よ。

　　1. 毎日寒い／まいった　　　2. どの料理も辛い／食べられなかった
　　3. 何を食べてもおいしい／食べすぎちゃった　　　4. 朝からうるさい／寝られなかった
　　5. スーツケースが重い／泣きそうだった

③ 「〜って、けっこう〜」を使うドリル

_____って、けっこう_____んですね。

　　1. マレーシア料理／辛い　　2. 温泉／体が温まる　　3. ロンドン／物価が高い
　　4. 豆腐／おいしい　　　　　5. 韓国料理／日本料理と似ている

■ポイントリスニング

　この問題は、話している人が旅行を楽しめたか、それとも楽しめなかったかを問う問題です。どんな語彙や表現が肯定的な感想を述べているのか、または、否定的な感想を述べているのか、確認するといいでしょう。

① 「寒い」「死にそう」という言葉から、否定的な感想を述べていることがわかります。「寒くて寒くて」というように形容詞を2回重ねる言い方は、否定的なことを述べる場合が一般的ですが、「うれしくてうれしくて」「おもしろくておもしろくて」等のように肯定的なことを述べる場合にも使われることがあります。

② 「にぎやか」という言葉から肯定的であることがわかります。否定的なニュアンスを持つ言葉は「うるさい」です。

③ 「静か」は肯定的な意味で使われることが多いです。また、「心が落ち着く」にも肯定的な意味があります。

④ 「うるさい」「さんざん」という言葉から否定的なニュアンスが感じ取れます。

⑤ ここでの「まいる」は、「閉口する、困惑する、困る」といった意味で、否定的な感想を表しています。この意味の「まいる」は、「まいった」「まいりました」のように過去形で使われます。

⑥ 「きれい」「安全」という言葉から肯定的な感想を述べていることがわかります。

表現

〈天気：肯定的な言葉〉

暖かい、涼しい、
さわやか、気持ち(が)いい、
いい天気、からっとしている

〈天気：否定的な言葉〉

蒸し暑い、暑い、じめじめしている、
雨が続く、雨ばかり、寒い、冷える、
風が冷たい

〈場所：肯定的な言葉〉

安全、物価が安い、人が親切、
交通が便利、町がきれい、にぎやか、
食べ物がおいしい、緑が多い、
自然が豊か(多い)、景色がきれい、
静か、おもしろい

〈場所：否定的な言葉〉

うるさい、つまらない、見るものがない、
遊ぶところがない、物価が高い、
交通が不便、治安が悪い、町が汚い、
危ない、くさい、空港まで遠い、
ほこりっぽい、ごみごみしている

■重要表現のポイント

ここでは、「感想を述べる」「うらやむ」という2つの機能を取り上げます。

感想を述べる

- 旅行の感想は、相手に「旅行はどうだった？」と聞かれて話す場合と、旅行に行った人が自分から話を始める場合があります。後者の場合、「○○に行ったんですけど」ではなく、「○○に行ってきたんですけど」というように、「行ってきた」という表現を使用することが多いです。

- 旅行の感想は、単に事実を述べるのではなく、事柄に対する自分の気持ちを伝えるものです。重要表現では、「よかったとき」と「悪かったとき」に使える表現を挙げているので参考にしてください。例えば、「さんざん」は物事の結果や状態等が非常に悪い様子を表すときに使われます。「死にそう」は、肯定的な感想に使われることもありますが、否定的な状態の程度が激しかったことを述べるのに使われることが多いです。

- 経験したことを具体的に述べるときに、事柄や場所を「あんな(に)～」を使って指すことがあります。この場合の「あ(んな)」は、驚き等、話し手の強い感情を表明するときに使用する「あ」系の指示詞です。「あ」系の文脈指示は、多くは話し手と聞き手の両方が知っていることに使われますが、指示対象への話し手の思い入れが強い場合、聞き手の知らないことについても「あ」系を使うことがあります。このような「あ」系の指示詞を使った定型表現に、「あんな(に)(おいしいワイン)は初めて(飲み)ました」「あんな(に)(おいしいワインを飲んだ)のは初めてです」があります。

- 感想を述べる際には、「～て」や「～し」を用いて事実を述べ、それに感想を続けます。また、先に「よかったよ」「さんざんでした」等の感想を述べたあと、その理由や背景となる事柄を述べることも多いです。特に「どうでしたか」と聞かれて答える場合は、先に短く感想を述べ、いろいろな経験を話すと会話が広がるでしょう。

- 「どうでしたか」に短く答える際、否定的な感想を述べる場合は、「それが」で始めることが多いです。よかったことにもよくなかったことにも使えるものには、「もう(最高)」「もう(大変だったんですよ)」があります。この「もう」は「非常に」という意味です。

- 感想の理由や背景を挙げるために用いる「～し」は、通常、普通形のあとに続きますが、フォーマルな場合は、「～ですし」「～ましたし」のように丁寧形を用いることも多いです。

- 2つ以上の感想をつなげる場合の接続詞(以下に挙げた〈2つの感想をつなげるとき〉の表現を参照のこと)には、「それに」「その上」「しかも」「おまけに」があります。「それに」「その上」「しかも」は、肯定の感想をつなげるときにも、否定の感想をつなげるときにも使用できますが、「おまけに」は、多くの場合、否定的な感想をつなげるときに使用します。
- 感想の表現には、テキストに挙げている「よかったとき」「悪かったとき」の表現のほかに、「意外だったとき」や「予想通りだったとき」に伝える表現もあります。以下では、便宜上フォーマルな表現だけを挙げていますが、これらはいずれもカジュアル、フォーマル両方の場面で使える表現のバリエーションです。

表現

〈よかったとき〉

- ・自然がすばらしく<u>て、感動しました</u>。
- ・人が親切だった<u>のが印象的でした</u>。
- ・<u>印象に残ったのは</u>、町の人が気さくだった<u>ことです</u>。

〈悪かったとき〉

- ・行きたかった美術館が休み<u>で、残念でした</u>。
- ・どこに行っても混んでい<u>て、</u> | <u>大変でした</u>。
    　　　　　　　　　　　　　　| <u>嫌になりました</u>。

〈感想を何かに例えて表現したいとき〉

- ・中世にタイムスリップした<u>みたいな感じでした</u>。
- ・いつまででも見てい<u>たいって思うような</u>景色でしたね。

〈意外だったとき〉

- ・<u>思っていた</u> | <u>より</u>きれいでした。
  <u>想像していた</u> |
- ・聞いていた<u>のと違って、</u>簡単に予約できたんです。
- ・話に聞いてい<u>たほど</u>寒くありませんでした。　※述語は否定形になります。
- ・<u>意外に／と</u>、蒸し暑くなかったんですよ。

〈予想通りだったとき〉

<u>やっぱり、</u>	食べ物が安くておいしかったですよ。
<u>思っていた通り、</u>	
<u>予想していた通り、</u>	
<u>ネットに書いてあった通り、</u>	

※「やっぱり」:「やっぱ」はより話し言葉的で、「やはり」は書き言葉的な表現です。

〈2つの感想をつなげるとき〉

- ・料理は高かった<u>し、おまけに</u>、まずかったんですよ。(それに、その上、しかも)
- ・人は親切でしたよ。<u>それに、</u>物価も安かったですし、よかったですよ。(その上)
- ・人は親切でしたよ。<u>しかも、</u>みんな英語ができたので困りませんでしたよ。

※「それに」「その上」は、1つの事柄(例:人)の2つの側面(例:親切、英語ができる)について述べる場合にも、また2つの別の事柄(例:人と物価)について述べる場合にも使用できますが、「しかも」は1つの事柄の2つの側面について述べる場合にしか使えません。

練習

※ ディクテーション・シート＝ p.125

　テキストに設定してある状況が肯定的な気持ちを表すものなのか、否定的な気持ちを表すものなのか、把握した上で表現を考えるよう促しましょう。また、教師によるフィードバックは、習った表現が使えていたかどうかだけでなく、表現したい気持ちと表現形式が一致していたかどうかも、指摘できるといいでしょう。

　また、表現形に注目させるために、解答例（🔊31）を利用して、ディクテーションをしてもいいでしょう。

うらやむ

- 会話の相手から旅行の感想を聞いて興味を覚えた場合には、まず、「へえ」「うわー」「えーっ」等の感動詞で答え、そのあとにうらやましいという気持ちを表現することが多いです。「いい」や「うらやましい」のような形容詞を用いたり、自分も行ってみたい、多くの人が行ってみたいと思っているところだ、のような表現を使って、うらやましいという気持ちを表します。
- 重要表現に「温泉旅館に泊まれる<u>なんて</u>いいなあ」という表現があります。「○○なんて」は○○についての話し手の感想や評価を述べるのに用いられます。この場合「○○は」とは言いません。また、「いいなあ、○○なんて」のように、「○○なんて」と「いいなあ」を倒置させて述べることもあります。
- 旅行の感想に対しては、「うらやむ」以外に、以下に示すような〈肯定的な感想に対する反応〉〈否定的な感想に対する反応〉〈興味を示す〉等の表現があります。
- 相手が否定的な感想を述べたときには、以下に示したように、同調・同情する等、共感的な発話をすることが多いでしょう。

表現

〈肯定的な感想に対する反応〉

| それは、ゆっくりできて、 | よかったですね。なによりですね。 |

〈否定的な感想に対する反応〉

| それは、 | 大変でしたね。残念でしたね。がっかりでしたね。 |

※上記のように「それは、～」で始めて、そのあとに具体的な感想を述べる表現のほかに、「それはそれは」と「それは」を2回繰り返して、具体的な感想は特に言わないという表現の仕方もあります。「それはそれは（よかったですね／大変でしたね）」の（　）の部分が省略されています（例：重要表現1の練習問題①）。

〈興味を示す〉

| へえ、 | そうなんですか。おもしろいですね。そういうこともあるんですね。 |

練習

※ ディクテーション・シート＝ p.126

　「うらやむ」発話をする前には、相手の発話に対して感動詞（「へえ」「うわー」「えーっ」等）が入っているのが自然なので、それらの言葉が入っているかにも気をつけてください。また、テキストに設定してある相手の発話は、「旅行に行ってきた事実を述べているもの」もしくは「肯定的な感想を述べているもの」に限られていますが、「否定的な感想を述べているもの」も追加練習として加えてもいいでしょう。

　また、表現形に注目させるため、解答例（🔊32）を利用して、ディクテーションをしてもいいでしょう。

■ もういっぱい

トピックに関連する語彙と表現をさらに増やす練習問題です。余裕のある場合に行ってください。

問題 1

a. 「聞き取れない」は、相手の話の内容やその話し方に要因（方言が混じる、速い、難しい等）があって理解できない場合のことを言います。
b. 「おなかをこわす」は、下痢をするという意味です。
c. 「写真みたいな景色」は、景色がきれいだということを比喩的に言っています。
d. 「じめじめしている」は、雨が多くて湿度が高いことを言います。否定的なニュアンスの言葉です。
e. 「がらがら」は、乗り物、店、行楽地、道路等、ある空間に人や車の数が非常に少ないことを言います。プラス評価、マイナス評価のどちらかに傾いているわけではなく、混雑が予想される場所にも関わらず、そうではないという意味を含みます。
f. 「言葉が通じる」は、自分の話す言葉が相手に理解してもらえることを言います。

問題 2

会話の順番を考えるときには、応答の表現（「うん」「そうですか」）、感動詞（「へえ」）、接続詞（「それで」「でも」）に注目します。

① まず、「b. どうだった？」で会話が開始します。それについての感想（「e. よかったよ。…」）が続き、その応答として、「d. へえ。…」という感動詞によって始まる発話が続きます。最後は、「c. いいなあ、俺も一度は行ってみたいな」という聞き手の発話で終わります。

② まず、「d. どちらにいらっしゃったんですか」で会話が始まります。佐野さんの「a. 温泉に行ってきました」を受けて、中川さんは「c. いいですねええ。…」と続けます。それに対して、佐野さんは「e. でも、台風で…」と逆接の接続詞を用いて予期していなかったハプニングについて述べます。それを受けて、「b. そうですか。それは大変でしたね」で会話が終了します。

語彙・表現のタスク ※ 練習シート＝ p.127

会話を完成させましょう

与えられた接続表現を使って感想を述べる練習、および、感想に対する適切な反応を述べる練習です。「それが」「おまけに」は否定的な感想を述べるときにのみ使用できますが、「それに」「しかも」は肯定、否定どちらの感想にも使えます。

解答例：① B：食べ物もおいしくて、買い物も楽しかったよ。
　　　　　　A：それはよかったね。私も行きたいなあ。
　　　　② B：そんなに人が多くなくて、お店に入るときも並ばなくてよかったですし。
　　　　　　A：そうなんですね。京都よりもよさそうですね。
　　　　③ B：雨が降っちゃって、あんまり楽しめなかったんだ。
　　　　　　A：そうだったんだ。それは残念だったね。
　　　　④ B：どのレストランも、高いしおいしくないし。
　　　　　　A：それは残念でしたね。食べ物は出張の楽しみなのに。

■ロールプレイ

［手順］

　ペアやクラス全体で、下のようなことについて気をつけながら、ロールプレイの練習をするといいでしょう。

- 旅行に行ったかどうかわからない相手に、話を切り出すときは「夏休み、どこに行きましたか」ではなく、「どこかに行きましたか」と聞くのが適当です。
- 旅行先を知っている場合には、「○○どうだった?」という聞き方ができます。
- 旅行に行ったことを自分から切り出す場合は、「○○に行ったんですけど」ではなく、「○○に行って来たんですけど」と言うのが自然です。
- どのような気持ち(肯定的、否定的、意外、予想通り)で感想を述べるのか
- 感想に対する反応はどのようなもの(うらやむ、同感・同情)がいいのか
- 相手が友人の場合と目上の人の場合では、何が異なるか
- その他、学習者の文化では近所の人や職場の人に旅行のお土産を買ってくる習慣があるかどうか話し合うとおもしろいでしょう。また、日本ではどんな物がよくお土産として選ばれるか、旅行に出る前に近所の人に留守を頼むことが慣習としてあるかどうかといった内容について話すのもいいでしょう。

［フィードバックの観点］

☐ 会話の切り出しは適切だったか
☐ 会話の流れは自然だったか
☐ 感想を述べるとき、話し手の気持ちと表現形式は一致していたか
☐ 感想に対する反応は適切だったか
☐ 質問してもいいトピックや質問しないほうがいいトピックを判断できていたか(例えば、どんなところに泊まったかのような質問は聞かれたくないと思う人もいるかもしれません)

［その他のロールプレイタスクの例］

　Cはカジュアルな場面、Fはフォーマルな場面を示しています。

1 C　仲のいい友人が旅行に行きました。どうだったか感想を聞いてください。

2 C　週末○○のお祭りに行きました。クラスメートに自分からその話をしてください。

3 C　友人が新婚旅行から帰ってきました。感想を聞いてください。

4 C　学生時代の友人と車で1週間の旅行をしました。別の友人にその話をしてください。

5 F　出張のついでに週末○○の観光をしました。会社の同僚にお土産を渡して、行ってきた場所の話をしてください。

6 F　国から家族が来たので会社から休みをもらって数日間旅行をしました。仕事に戻って上司に挨拶に行ってください。

7 F　友人と○○に旅行に行きましたが、あまり楽しめませんでした(言葉がわからなかった、天気がよくなかった等の理由で)。会社の同僚にその話をしてください。

■ロールプレイ準備シート　　　　　　　　　　　　　　　※ロールプレイ準備シート

2人でペアになり、ロールプレイタスクについて下の内容を相談して決めてください。そして、どのように話を進めればよいか2人で準備してから、ロールプレイをしましょう。

> **例**　アルバイトの休みの日に友人と旅行をしました。アルバイト先の人たちにお土産を渡して旅行の話をしてください。

話す場所	アルバイトをしている引っ越しセンターの店長の部屋
誰が誰に？	従業員（ヒュン）➡ 店長（熊野）
人間関係と状況	従業員と店長。ヒュンさんは、アルバイトの休みの日に、友人と神戸に一泊旅行に行った。神戸は初めてで、とても楽しかった。神戸では、アルバイト先の人たちに食べてもらえるようにお土産（お菓子の詰め合わせ）を買った。
内容	ヒュンさんは、店長の部屋に行って、お土産を渡す。旅行の話を少しする。
会話の進め方は複雑？	複雑ではない。店長の部屋に行って、(1) お土産を渡し、みなで食べてほしいと伝える、(2) 旅行が楽しかったことを簡単に述べる、(3) 店長から質問されれば、それに答える、という順番で話を進める。
使う表現	【会話を始める】 ・熊野さん、今よろしいですか。 ・休みに神戸に行ってきたんですけど、これ、お土産です。みなさんでどうぞ。 【旅行の感想を述べる】 ・神戸には初めて行ったんですけど、町がきれいで、海と山がすぐ近くにあって、とてもよかったです。
会話で工夫すること	・お土産を渡すときに、アルバイト先のみなで食べてほしいことを伝える。 ・旅行の感想は、自分からは肯定的なことをいくつか話せるようにしておき、相手から質問されれば詳しく話す。例えば、天気や食べ物、景色、行った場所やそこでしたこと等について、話せるようにしておく。

買い物

【この課で学習する内容】

　第5課は、買い物をするという状況で人に何かをすすめたり、すすめられたときにどうするか決めたりするときの表現について学習します。選択肢が複数ある場合、どれにすればいいか迷ってしまうことはよくあります。そのような相手に対して自分の考えを述べる際や何かをすすめる際には、それが押しつけがましくならないように配慮した表現を選ぶといいでしょう。さらに、すすめられた側は、すすめを受け入れるか受け入れないか意思表示をしなければなりません。特に、すすめを受け入れない場合は、すすめてくれた相手の気持ちを考慮した表現を選んで返答することが求められます。

　ここでは、自分の考えをすすめるときに用いる表現と、すすめに対して返答する際に用いる表現を中心に、相手と場面に応じてそれらの表現を使い分ける力を身につけることを目標としています。すすめられた側やすすめを断られた側が不愉快な思いをしないためには、どのような言葉や文末表現が効果的かについて、学習者自らが考え使用できるようになることもこの課の目標です。

■聞き取り練習の前に

　店で店員に質問するのは、どんなときですか。

　これまで買い物に行った先で店員にどんな質問をしたことがあるか学習者に尋ね、ウォーミングアップとします。買いたい物が見つからない、種類が多すぎてよくわからない、支払い方法や配達の可能性について聞きたい等、いろいろな質問が考えられます。店員の中には、質問に答えるだけでなく選択肢の1つを強くすすめてくる人もいるでしょう。店員が質問に対してどう答えたか、また、どんな対応をしたか、困ったことがあったか等、これまでに経験したことをいろいろ話してみましょう。

店員への質問に用いる語彙・表現

　以下に挙げるのは、初級で学習済みだと考えられる語彙・表現です。店員が返す表現は特に練習する必要はありませんが、どんな返答が適当かについてはクラスで考えてみるといいでしょう。ウォーミングアップで挙がった質問の文とのつながりも考えてみてください。聞きたいことが質問できるだけでなく、店員の返答も理解できるようにしましょう。

● **質問のための前置き表現**

これ、昨日買った	んですけど。
ヨガの本を探している	
旅行用の大きなかばんがほしい	

● **商品について尋ねる表現**

・これ、電池(が)入ってますか。
・このカメラ、ケース(が)ついてますか。
・このジャケット、茶色のパンツに合いますか。
・ほかの色／サイズ　　　(は)、ありますか。
　もっと大きいの　　　　(は)、ありませんか。
　もう少し安いの

● 客ができることについて尋ねる表現

・このTシャツ、着てみてもいいですか。 → ジーンズをはく
　　　　　　　　　　　　　　　　　　　　帽子をかぶる
・カード、　　　使えますか。　　　　　　時計をする
　商品券、　　　　　　　　　　　　　　　イヤリングをする／つける
　割引券／クーポン、　　　　　　　　　　めがねをかける
　電子マネー

● 店のサービスについて尋ねる表現

・パソコンの修理、　お願いできますか。
　テレビの配達、　　してもらえますか。

・このシャツ、　Mサイズと取り替えて　もらえますか。
　　　　　　　　取り寄せて

サービスに関係のある言葉
返品する
払い戻す
キャンセルする

● 時間や費用について尋ねる表現

・　時間、　　　　かかりますか。
　　どのぐらい
　　いくらぐらい

・　どのぐらいで　できますか。
　　いくらぐらいで

■語彙と表現の学習

【1】それぞれの文の中に含まれるキーワードをもとに、可能性のある話のトピックを絞る問題です。問題を解いたあとに、それぞれのキーワードの意味と使い方をクラスで確認するといいでしょう。

受け取る：買い物場面で「受け取る」というのは、配達してもらった物を受け取る場合だけでなく、注文した物を店舗に取りに行く場合にも使います。後者の場合は、「受け取りに行く、受け取りに来る」と言うこともあります。例えば、クリーニングに出した物を受け取る場合等にこの動詞を使います。

着る：「着る」は、上半身や丈が長いコート、上下がつながっているワンピースや着物、また上下がセットになっているスーツ等を身に着けるときに使います。ズボンやスカート、靴等、下半身に身に着ける物は、「はく」を使います。

合う：ある物が、別のある物とうまく調和しているときに用います。「パーティーに合う服」「ズボンと靴が合っていない」のように使用します。似た言葉に「似合う」がありますが、これは、人とある物がうまくマッチしていてバランスが取れている場合に用います。「自分に似合う髪型」「私にはピンクは似合わない」のように言います。

設置：家具や電化製品等を取り付けることを「設置」と言います。

この問題では、4つの選択肢がそれぞれの表現とうまく合うように組み合わせを考えます。

① 「洗濯機」「クリーニング」「コート」「ネクタイ」は全て店舗で受け取る可能性のある物ですが、「受

け取りに来る」物で、最も適しているのは、「クリーニング」です。

② 「着てみても」と言っているので、答えは「コート」です。「ネクタイ」を身に着ける場合は「する」か「締める」を用います。

③ 「黒のスーツ」との相性を尋ねているので、「ネクタイ」が最も適しています。

④ 「設置」する必要があるのは、「洗濯機」です。

【2】商品や店のサービスについて店員に質問する文を完成させる問題です。

① 「取り替えてもらう」は、購入した物のサイズや色等が合わないため、合う物と交換してほしい場合に使う表現です。「ひとつ上のサイズに」のように、何と交換してほしいかをはっきりさせる必要があります。

② 「○○の修理」を申し出ているので、「○○」には修理が必要な物の名前が入ります。該当するのは「パソコン」だけです。「お願いできますか」が意図するのは「そのサービスをしているか知りたい」場合と「そのサービスを依頼したい」場合の２つが考えられます。

③ この場合「ついてますか」は、付属品等について尋ねています。選択肢の中で可能性がある物は「英語のマニュアル」だけです。

④ クレジットカードや商品券で支払いを済ませたい場合、また割引券やクーポン等を使いたい場合は、あらかじめ「○○は使えますか」と聞きます。

⑤ 時間がかかるか尋ねているので、それに該当するのは「取り寄せ」になります。購入したい商品が今店にない場合、別の場所からその商品を移動させることをこう言います。「取り寄せる」という動詞を使って「○○、取り寄せてもらうこと、できますか」「○○を取り寄せてもらうのに時間がかかりますか」と言うこともできます。

語彙・表現のタスク　　　　　　　　　　　　　　　　　　　※ 練習シート＝ p.128

あのう、すみません

　ウォーミングアップの練習で復習・確認した語彙を単語の形でカードに書いておきます。小さいクラスであれば２つに分けて、大きいクラスではいくつかのグループに分けてチームを作ります。チームから１人ずつ出てきてカードを引き、その言葉を使って店員に対する質問の文を考えます。適切な質問の文が考えられたら１ポイントもらえます。

文を完成させましょう

解答例：① (に)合います　　② (には)合わない　　③ (に／と)取り替えて
　　　　④ 取り寄せて　　　⑤ 修理　　　　　　⑥ 注文した
　　　　⑦ 使えます　　　　⑧ かぶって

■聞き取り練習

問題1　聞き取りのポイント

① １人が「いらっしゃいませ」と言っているので、「店員と客」の会話であることがわかります。客の探しているのが「着物みたいなの」(浴衣)であること、「３階」にもっとたくさんあると言っていることなどから、「デパート」での会話であることが推測できます。客は最後に「じゃあ、そっちのも見てみます」と言っていますから、浴衣を買うことは決めていますが、どの商品を

買うかはまだ決めていないことがわかります。

② 「仕事にも使えていい」「プレゼン」等の言葉から職場での人間関係が暗示され、1人が普通体、もう1人が丁寧体で話しているので、上下関係のある間柄（「同僚同士」）であることがわかります。また、「デューティーフリー」「税金はかかんない」という言葉から、「免税店」での会話であることがわかります。最初に「これなんか、どうですか。（中略）このスカーフ」と提案し、最後に「じゃあ、これにしよっか」と言っていることから、「スカーフ」を買うことにしたと判断できます。

③ お互い普通体で話していて、くだけた表現が多く使われているので、2人は「友人同士」であることが推測できます。「問題集」を探しているので、「本屋」での会話です。「あっ、これとかは？ この『初級が終わった人のフランス語』って本」と男性がこの問題集をすすめていて、女性が「うん、じゃあ、これにしよ」と言っているので、この本を買うことにしたと考えられます。

④ 商品についていろいろ尋ねたり答えたりしていることから、「店員と客」の会話であることは明らかです。「タンス」「ローチェスト」等の言葉から、会話の場所は「家具屋」となります。「こっちの丸い脚のほうにしよっかな」と言っていること、この「丸い脚のほう」は、「背の低いタンス（ローチェスト）」のことなので、「タンス／ローチェスト」の購入を決めたことがわかります。

問題3

① これ<u>なんか</u>、<u>どうですか</u>。
→ フォーマルな言い方では「これなどはいかがですか」になります。

② 財布とか、名刺入れとかのほうが、仕事にも<u>使えていい</u>んじゃない？
→ 「いいのではありませんか」が「いいんじゃない」になっています。意味は、「仕事にも使えていいと思う」となります。文末にかけてのイントネーションが難しいので、発音練習もしてください。

③ でもさー、<u>これって上級者向け</u>じゃない？
→ 「ではないか」が口語では「じゃない？」になります。人と異なる意見を述べる場合によく用いられます。意味は、「上級者向けだ（からよくないと思う）」となります。イントネーションを誤ると話し手の意図が通じませんから、よく練習しましょう。

④ じゃあ、<u>これにしたら</u>？
→ 「これにしたらどうですか」の「どうですか」が省略されて「これにしたら」になっています。親しい間柄の人にすすめるときに使います。

⑤ じゃあ、こっちの丸い脚<u>のほうにしよっかな</u>。
→ 「～のほうにしようかな」の文末が「しよっかな」という形になっています。カジュアルな場面では、このように「よう」が「よっ」と短縮されることがあります。

口頭練習　※口頭で練習しましょう。キューは日本語でも学習者の母語でもいいでしょう。

① 「～なんか、どうですか」のドリル
　＿＿＿＿なんか、どうですか。
　　1. その緑のシャツ
　　2. この音声付きの問題集
　　3. そのポケットがたくさん付いてるバッグ
　　4. このコーヒーと紅茶のセット
　　5. ショーウィンドウに飾ってあったの

51

② 「～ていいんじゃない？」に変換するドリル

（　　　）のほうが＿＿＿＿ていいんじゃない？

 1.（小さい傘）かばんに入れられる 2.（このベッド）下に物が置ける
 3.（ノートパソコン）どこでも使える 4.（このジャケット）仕事にも着て行ける
 5.（黒い靴）どんな服にでも合う

③ 「～って～じゃない？」を使ったドリル

（　　　）って＿＿＿＿じゃない？

 1.（この服）子ども向け 2.（このコート）ウール 3.（この財布）女物
 4.（赤いネクタイ）派手 5.（このショートパンツ）男性用

④ 「～し、～にしたら？」を使ったドリル

＿＿＿＿し、（　　　）にしたら？

 1.安い（このプリンター） 2.おいしそうだ（このクッキー）
 3.音が静かだ（この掃除機） 4.よく似合ってる（こっちのネクタイ）
 5.使いやすそうだ（このカメラ）

⑤ 「～のほうにしよっかな」を使ったドリル

＿＿＿＿のほうにしよっかな。

 1.こっちの携帯電話 2.この赤いスカート 3.あっちのプリンター
 4.この黒い自転車 5.この長袖のブラウス

■ポイントリスニング

　これは、いくつか候補がある中でどれを買おうか迷っていた人が、どれか1つを選ぶことができたか、またはまだ迷っているかを判断する問題です。初級終了後の学習者の場合は、注文したり購入する物が決まったりしたときの表現として「これにします」しか知らず、その文末表現も「します」に固定していることが少なくありません。店員に対して意思表示をする場合であれば「これにします」でいいのですが、まだ迷っていることを表す場合は文末にいろいろなバリエーションがあることを認識させてください。

　また、迷っている場合、買うのをあきらめられない理由に加えて買うのを躊躇している理由を述べる（独り言の場合もあります）ことで、決心がつかないことを間接的に表すことができます。

① 「これにしよ」と言っているので、買うと決めたことを表しています。後続しているのは、どうしてそれを選んだのかという理由です。
② 「赤いのにします」から買うのを決心したことがわかります。
③ 「どっちにしようかなあ」の部分は、選択肢が2つあってそのどちらにするか決めかねていることを表します。商品についていい点とそうでない点を続けて述べています。
④ 「これにしよっかな」で発話が終わっていれば、まだ買うことを決めかねているともとれますが、最後に「うん」と言っていることで、自分に対して肯定の返事を出した、すなわち、買うことに決めたと理解することができます。
⑤ 「デザインがどうもねえ」というのは「デザインがよくない、気に入らない」という意味で用いられています。ですが、「小さくていい」とプラスの面も言っており、買うことを断念しきれない気持ちが表れています。
⑥ 「あっちの時計はどうかな」は間接的に相手にどう思うか意見を求めている場合と、独り言の場合があります。いずれにせよ、まだ決心がつかない気持ちが表れています。

表現

〈買うことに決めた場合〉

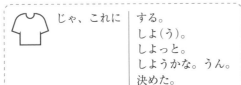

| じゃ、これに | する。
しよ(う)。
しょっと。
しようかな。うん。
決めた。 |

| じゃ、これ | にします。
に決めます。
お願いします。 |

〈どれを買うか迷っている場合〉

| どっち
どれ
何 | にしよう。
にしようかな。
がいいかな。 |

〈買うか買わないか決めかねている場合〉

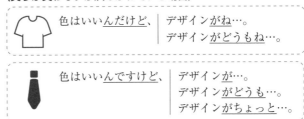

色はいいんだけど、| デザインがね…。
デザインがどうもね…。

色はいいんですけど、| デザインが…。
デザインがどうも…。
デザインがちょっと…。

■重要表現のポイント

ここでは、「人にすすめる」「相手の意見を聞いて何にするか決める」「すすめを断る」という3つの機能を取り上げます。

人にすすめる

- 「人に何かをすすめる」場合には、「○○がいいですよ」「○○はどうですか」と○○を特定して言い切りの形ですすめるよりは、「○○なんか」や「○○っていうの(も)」を使って、自分の意見を相手に押しつけない表現がよく使われます。ほかにも、「○○でも」や「例えば、○○」といった言い方もあります。
- 自分の意見を相手に押しつけない文末の表現としては、「○○とかは?」「○○のほうがいいんじゃないかな」「○○のほうがいいかもしれません」等があります。
- 強くすすめたい場合には、「○○がいいよ」といった表現も用いられます。気の置けない友人等にすすめる場合には、このように直接的に言う場合もあります。
- 人に何かをすすめる場合、理由を付け加えると説得力が増します。

表現

〈すすめる〉

- これなんか、| どう?
  これって、| どうかな。

- 母の日のプレゼント、| スカーフとかは?
スカーフなんていいんじゃない?
スカーフも悪くないんじゃない?
スカーフにするってのは?
毎日使える物のほうがいいんじゃない?
食事にでも誘ってみるとかは?

- こちら｜（は）｜いかが｜ですか。
　　　　｜なんて｜　　　｜でしょう。
　　　　｜など　｜

- 課長のお見舞いに、｜果物(っていうの)はどうでしょう。
　　　　　　　　　　｜果物もいいかもしれませんね。
　　　　　　　　　　｜果物とかのほうがいいんじゃないでしょうか。
　　　　　　　　　　｜果物でもお持ちするっていうのはどうでしょうか。

練習 ※ディクテーション・シート＝p.129

　すすめの表現が適切に使えることがポイントですが、その前に、すすめられる側が今買いたい物があるけれどどうしたらいいか決めかねているという状況をどう相手に伝えればいいか、そこから考えてもらうようにしましょう。フィードバックは、習った表現が使えていたかどうかだけでなく、すすめ方が強引でなかったか、声の調子、すすめに対する返答は適切だったか(返答のバリエーションは重要表現2と3で詳しく学習します)等、多面的に行うようにしてください。

　また、表現形に注目させるために、解答例(🔊39)を利用して、ディクテーションをしてもいいでしょう。

相手の意見を聞いて何にするか決める

- ここでは、相手のすすめを受け入れて賛同する場合と、どうするか尋ねられて自分の意見を述べる場合を取り上げています。
- 「相手の意見を聞いて」から自分がどうするのかを決めるので、相手の意見を踏まえて答えを出したことがわかる言語的サインが必要になってきます。それが「じゃあ」や「そうですね」等です。カジュアルな状況では、相手の発話を受けてすぐ「じゃあ、〜」と自分の考えを述べてもかまいませんが、フォーマルな場では、いったん「そうですか」で相手の発話を聞いて理解したことを示してから、その上で自分はどうするかを続けたほうが丁寧な印象を与えられるでしょう。
- 自分の考えや意見がまだ確定していない場合は、「〜てみようかな」や「○○のほうがいいかな」等を用いて断定を避けることができます。
- 相手の意見を聞く前から自分で考えていたことが、相手の発話によってさらに強化された場合は「やっぱり」によって「いろいろ考えたけれど気持ちは変わらなかった」という意味を自分の発話に含めることが可能です。

表現

〈相手の意見を聞いて自分がどうするかを伝える表現〉

そうだね。じゃあ、（やっぱり）｜そうする。
　　　　　　　　　　　　　　　｜そうしよ(う)。
　　　　　　　　　　　　　　　｜そうしよっかな。
　　　　　　　　　　　　　　　｜そうしようかな。
　　　　　　　　　　　　　　　｜新しいモデルのほうがいいかな。
　　　　　　　　　　　　　　　｜ネットで｜調べてみるよ。
　　　　　　　　　　　　　　　　　　　　｜調べてみようかな。

そうですね。じゃあ、｜小さいのにします。
　　　　　　　　　　｜小さいのを買うことにします。

練習

　テキストに書かれている相手の発話への返答としてふさわしい表現を考えてみてください。重要表現1で学習したすすめの表現も用いて「どうしたらいいか悩んでいることを伝える → すすめる → 自分の意見を表明する」のような流れで会話をしてみることもできます。中心的な表現が使えていたかどうかだけでなく、「じゃあ」「そうだね」「そうですね」等のフィラーや応答の表現もうまく使えていたか、フィードバックするといいでしょう。

　また、表現形に注目させるために、解答例（🔊40）を利用して、ディクテーションをしてもいいでしょう。

すすめを断る

- 相手のすすめを断る際には、そのすすめを直接的に否定するのではなく、相手がすすめた物や事柄が持つマイナスの側面について述べたり、逆に相手がすすめなかった物や事柄の長所を挙げたりすることがあります。また、決断を先延ばしする表現を述べる（「もう少し考えてみます」等）ことによって、婉曲的に相手のすすめに同意しないことを表す場合もあります。
- 相手のすすめに対して不同意を表す「そう？」「そうですね」等のイントネーション、疑問形や逆接の接続詞「でも」を用いた言い切らない文末のトーン等は、モデルを示すだけでなく口頭での練習が必要です。どんな声の調子で言うと失礼に聞こえてしまうか確認しながらクラスで練習するといいでしょう。
- フォーマルな場面では、カジュアルな場面以上に相手を否定しないような言葉を選びます。従って、話題になっている物や事柄に触れる場合には、それらを認める肯定的なコメントから始めることが効果的でしょうし、そうでなければ、先にも挙げた「決断の先延ばし」もテクニックの1つです。

表現

〈相手のすすめに同意しないことを伝える〉

- そう？
- そうかなあ
- うーん
- えーっ
- やっぱりやめとく

   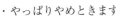
- うーん
- やっぱりやめときます
- そうですね。でも…
- 確かにそうですね。でも…

- どうかなあ。
- そうだね。でも…
- そうだけど…
- それも悪くないんだけど…

練習

　まず、相手との関係を考えた上で、そのすすめを直接的に断っても問題がない相手かどうか判断し、断りの内容に入る前の応答表現やそれに後続する発話を考えるように促しましょう。フィードバックは、表現が使えていたかどうかだけでなく、断り方が相手を不快にしていなかったか、声の調子やイントネーションが適切だったか等、多面的に行ってください。

　また、表現形に注目させるために、解答例（🔊41）を利用して、ディクテーションをしてもいいでしょう。

■ もういっぱい
トピックに関連する語彙と表現をさらに増やす練習問題です。余裕のある場合に行ってください。

問題1
①服、②ノートパソコン、③マグカップ、と形態も用途も異なる物に対するコメントを考える問題です。

a. 「派手すぎない？」：「派手」は色や服、行動等が華やかなことを表し、そのためその対象となっている人や物、またはその場や状況に不適切だというマイナスのニュアンスを伴うことが多いです。「派手すぎる」と言えるのは①の「服」です。
b. 「かわいい柄だよね」：一般的に、ノートパソコンの本体に「柄」はありません。ストライプや水玉等の「柄」があるのは①の「服」と③の「マグカップ」になります。
c. 「薄くていいね」：①の「服」にも使えなくはありませんが、その場合は、「涼しそうでいいね」等の表現になるでしょう。答えは②の「ノートパソコン」です。
d. 「割れにくそうでいいね」：「割れる」のは茶碗やガラス等です。服には「破れる」、ノートパソコンには「壊れる」等を用います。従って、答えは③の「マグカップ」です。
e. 「カジュアルですね」：「カジュアル」は普通、日常的・実用的な衣服に用います。「カジュアルウェア」という言葉もあります。答えは①の「服」です。
f. 「落ち着いた色ですね」：「落ち着いた○○」は、色・音・模様等が派手でなく、人を穏やかな気持ちにさせる物について用います。衣類や家具等の色、デザイン、音楽、雰囲気等によく用いられます。従って、「落ち着いた色」と言えるのは①の「服」です。
g. 「持ち運びに便利じゃない？」：持って移動できるかどうかが問題になってくるのは②の「ノートパソコン」だけです。例えば、大きくて重いノートパソコンは持ち運びに不便です。
h. 「持ちやすいよね」：パソコンは普通、手に持って使う物ではありません。持ちやすいかどうかが問われるのは③の「マグカップ」です。例えば、カップの持ち手が小さいと持ちにくくなります。

問題2
① Bの「デートにだったらいい」という言葉を受け、デートと対比させ「仕事でも大丈夫」と言っているd.が答えです。
② Bは「子どもっぽい」と否定的なコメントをしていますから、Aはそれに同意か不同意のコメントをするのが適切です。「a. うーん、一回着てみたら？（同意・不同意を保留）」と、「b. そんなことないよ、似合うと思うよ（不同意）」とが考えられますが、a.は④の答えとなり、同じ選択肢を2回使用することはできないため、ここでの答えはb.となります。
③ Bは「黒いの」をほしがっていますから、「これだけみたい」と黒いのがないと答えているc.が答えです。
④ Bはサイズが合わないかもしれないと心配しているので、試着をすすめるa.が答えです。

語彙・表現のタスク	※ 練習シート＝p.131

いろいろな答えを考えましょう

解答例：① 現金（カード）でお願いします　② それで（一括で）、お願いします
　　　　③ そうです／箱、ありますか／箱に入れてもらえますか
　　　　④ じゃあ、赤でお願いします／あっ、リボンはいい（けっこう）です
　　　　⑤ けっこう（大丈夫）です　⑥ いい（けっこう）です／自分で持って帰ります
　　　　⑦ 予約お願いしたいんですが／また来ます

■ロールプレイ

[手順]

ペアやクラス全体で、下のようなストラテジーについての話し合いを行ってから、ロールプレイの練習をするといいでしょう。

- ・ 選択に困っていることを相手にどう切り出すか
- ・ すすめるときにその理由も言ったほうがいいのか。言うのならどう言うか
- ・ 相手の強いすすめがあっても決められない場合はどう言えばいいか
- ・ 会話はどう締めくくるのが適当か

[フィードバックの観点]

☐ すすめるときの表現は適切だったか。強引ではなかったか

☐ 相手のすすめを受け入れる場合、それがはっきりわかる形で述べられていたか

☐ 相手のすすめを断る場合、それが相手に伝わるように述べられていたか。特に声の調子や言い方等、不適切なところがなかったか

☐ 会話の相手が友人と目上の人の場合で表現の使い分けができていたか

☐ 話の終わり方は適切だったか(特に相手のすすめを断る場合は、相手に不愉快な思いをさせなかったか等)

[その他のロールプレイタスクの例]

Cはカジュアルな場面、Fはフォーマルな場面を示しています。

1 C 冬休みを利用して友人と2人で海外旅行をしています。免税店で仲のいいクラスメート3人にお土産を買って帰ろうと思っています。友人と相談してください。

2 C 結婚式に着て行く服を買いたい友人とデパートに来ています。どんな服を買うのがいいか、アドバイスしてあげてください。

3 C 新しい電子レンジを買おうと思っています。友人が持っている電子レンジを見せてもらって、どんな機能がついているか、また、それはおすすめか、聞いてみてください。

4 C 国へ帰るので家族みんなにそれぞれお土産を買って帰ろうと思っています。よくあるようなお土産ではなく、珍しいお土産を買って帰りたいです。友人に相談してみてください。

5 F 赤ちゃんが生まれた同僚に職場の先輩と一緒にお祝いを贈ろうと思っています。先輩と相談して何を買うか決めてください。

6 F 加湿器/ヒーターを買おうと思って店へ来ています。たくさん種類があって、違いがよくわかりません。店員におすすめの商品を聞いてみてください。

7 F 気に入ったデザインのパンツを見つけましたが、試着するとサイズが合いません。店員に言ってください。

■ ロールプレイ準備シート

2人でペアになり、ロールプレイタスクについて下の内容を相談して決めてください。そして、どのように話を進めればよいか2人で準備してから、ロールプレイをしましょう。

> **例** 結婚する同僚に職場の先輩と一緒にお祝いを買って贈ろうと思っています。職場の先輩と相談して決めてください。

話す場所	会社で、昼休みに
誰が誰に？	社員（リア）➡ 職場の先輩（澤田）
人間関係と状況	同じ会社の社員同士だが、澤田さんはリアさんの先輩。リアさんは来月結婚する同僚（梨香子さん）に、先輩と一緒にお祝いを贈りたい。この3人は、プライベートでも時々食事に行く間柄。
内容	・リアさんは、梨香子さんの好みをよく知っているのは自分よりも澤田さんだと思っている。 ・また、リアさんは1人で贈るよりも、2人のほうがいい物が贈れると思っている。 ・澤田さんは、結婚式の写真を入れるための写真立てをあげるのがいいと考えている。
会話の進め方は複雑？	それほど複雑ではない。まず、どんなプレゼントが適当か、尋ねる。また、1人で買うより2人で買ったほうがいい物が贈れると考えていることを伝える。尋ねられた人（澤田さん）は、理由を述べて自分のおすすめを伝える。
使う表現	【会話を始める】 ・澤田さん、ちょっと相談があるんですが。 【相談の理由を述べる】 ・梨香子さんのお祝い、1人より2人のほうがいいんじゃないかって思うんですが。 ・それに、私、あんまり梨香子さんの好みわからないから、澤田さんのほうがわかるんじゃないかって思って。 【理由を述べてすすめる】 ・結婚のお祝いだから、記念になる物がいいかなって思うんだけど。写真立てなんかどうかな。 【決める】 ・それいいですね。それにしましょう。
会話で工夫すること	・なぜ一緒にお祝いを贈りたいのか理由を伝える。 ・おすすめの物を提案するときに、その理由も伝える。

アルバイトを探す

【この課で学習する内容】

　第6課では、新しい話題の始め方、自分の希望を述べたいときの言い方について学習します。初級では、話の核になる表現(例：依頼の表現、誘いの表現、断りの表現等)に焦点が当てられることが多く、会話の切り出し方も含めた話の進め方については十分に学習する余裕がありません。

　ここでは、まず、これから話したいことが、見たり聞いたりしたこと、または前にも話題に上った内容であることを相手に伝えることから始めて、自分が話したい話題に相手を引き込む方法を身につけることを目標にしています。2つ目の目標は、相手に自分の希望を述べるときの表現や希望を尋ねられたときの応答の表現を適切に述べられるようになることです。特にフォーマルな場や自分の好みを前面に出すのが不適切な状況では、自分の希望を強く主張すると横柄な印象を与えてしまうので、言語的な配慮が必要です。さらには、仕事や職探しの場面でよく使用される語彙や表現を習得することもこの課の目標です。

■聞き取り練習の前に

> 今、何か仕事をしていますか。その仕事はどうやって見つけましたか。

　学習者に今彼らがしている仕事やアルバイトについて尋ね、ウォーミングアップとします。一度も仕事をしたことのない学習者もいるでしょうが、仕事を探す際に必要となる事柄や準備しておかなければならないこと等については、知っている知識を交えて話ができるでしょう。

　また、仕事に関わる語彙や面接時に質問に答えるときの表現についても、ここで確認することができます。

仕事に関わる語彙・表現

以下に挙げるのは、初級で学習済みだと考えられる語彙・表現です。

● 仕事について述べる表現

・今、SNSの会社　　で仕事／アルバイトをしています。
　　　　　　　　　で働いています。
　　　　　　　　　に勤めています。

・今、(会計の)　　　仕事／アルバイトを探しています。
　今、(日本語が使える)

・やっと仕事が　　見つかりました。
　　　　　　　　決まりました。

・仕事を紹介してもらいました。

・仕事は　フルタイム　です。
　　　　　パート
　　　　　土日だけ

● 仕事の条件や待遇等について述べる語彙・表現

・時給は 1500 円です。

・給料は 1 か月 ┃ X 万円です。
　月給は

・交通費が ┃ もらえます。
　ボーナスが ┃ 出ます。

・週休 2 日です。

・有休が ┃ あります。
　　　　 ┃ もらえます。

・面接(試験) ┃ があります。
　　　　　　 ┃ を受けなければなりません。

・履歴書が必要です。

■語彙と表現の学習

【1】仕事に関わる語彙について学習する問題です。

時給：1 時間単位でもらえる「給料」のことです。1 か月や 1 年単位で給料が決まっていないアルバイト等の場合は、普通「給料」という言葉は使いません。「時給」「給料」とも、具体的な額や「高い」「低い／安い」「いい」「悪い」等の言葉と一緒に用いられます。

交通費：自宅から仕事の場所まで通うために乗り物に乗る場合、それに対して仕事先から支払われるお金のことを言います。

面接：「面接試験」のことです。英語ではこの面接のことを interview と言いますが、日本語の「インタビュー」は「面接(試験)」の意味では使用できません。

フリーター：「フリー・アルバイター」の縮約形で、和製英語です。決まった仕事に就かないでアルバイトを続けている人のことを言います。

① 時間単位の給料の話をしているので、答えは「時給」です。
②「交通」に続くのは「費」です。
③ 普通、試験を受けるのにスーツを着て行く必要はありませんから、「面接」のほうが適当です。
④ 1 つの仕事から別の仕事へとアルバイトをつないで生活している人のことを「フリーター」と言います。「フリー」は、「フリーのカメラマン(＝フリーランス)」「土曜日はフリーだ(＝予定が入っていない)」のようにも使われます。

【2】仕事に関係のある動詞の使い方を整理する問題です。使われる文脈に注意しましょう。

勤める：「会社に勤める」「銀行に勤める」のようにフルタイムの場合に「○○に勤める」を使います。地理的な場所を取り上げて「大阪に勤める」とは言いません。アルバイトの場合は、「○○で働く」「○○でアルバイト／仕事をする」と言います。助詞の違いに注意しましょう。

働く：「会社で働く」「東京で働く」のように使います。パートタイム、フルタイム、どちらにも使えますが、「仕事／アルバイトを働く」とは言いません。

雇う：会社等を経営している人が、「従業員を雇う」のようにお金を払って人を使うことを言います。そこで働いている人、働きたいと思っている人の視点で言えば「その会社で雇われる」「その会社で

雇ってもらう」になります。

見つかる：「見つかる」は、「なくしたカギが見つかった」のように紛失した物や見当たらなかった物の場所がわかったことを言いますが、「仕事が見つかった」はたいてい「仕事が決まった」の意味で用いられます。

探す：見つけたい物を手に入れるために、いろいろな場所へ行ったり関連することを調べたりすることを言います。「仕事を探す(探している)」は、まだ仕事が決まらないときを言い、仕事が決まったときには、「仕事が見つかった」と言います。「探す」と「見つかる」は混同しやすいので、気をつけてください。

① 「仕事を」と言っているので「探して(います)」が答えです。
② 「コンビニで」と言っているので「働いて(いました)」になります。
③ 「バイトが決まって」の意味ですから、「見つかって」になります。
④ 面接がうまくいってその場で採用が決まったことを言っているので、「雇って(もらえた)」になります。
⑤ 「出版社に」となっているので「勤めて(います)」が答えとなります。

| 語彙・表現のタスク | ※ 練習シート＝ p.132 |

適当な言葉を入れましょう

解答例：① 8時間　② 売る　③ 時給　④ 交通費　⑤ 面接　⑥ 履歴書

何と言いますか

解答例：① 働いていました　② 探して(い)るの／したいの，見つからないんだ
　　　　③ 勤めていた／勤めている，した／させてもらった

■ 聞き取り練習

問題1 聞き取りのポイント

① 一方が「先輩」と言っているので「先輩と後輩」の会話であることがわかります。「引っ越しのバイト」「掃除のバイト」と2種類の仕事が出てきますが、後輩が興味を持っていろいろ尋ねているのは「掃除のバイト」のほうです。「俺もやりたいなあ」に続いて、相手が「(バイト先の人に)聞いてみよっか」と言っているだけなので、まだその仕事をやらせてもらえるかどうかはわかりません。

② 客が支払いを済ませる場面から始まっているので、店での会話(「店員と客」)であることがわかります。「アルバイトの募集」「カフェ」と言っているので、話題になっているのはそのカフェでの仕事です。「まず履歴書を持って来てもらって、それから面接しましょうか」と言っていますから、この時点では採用されるかどうかわかりません。

③ 「農学部」「3年」「学籍番号」等から、話しているうちの1人が大学生であることがわかります。相手は事務的な話だけをしているので、この国際シンポジウムの窓口になっている事務員だと推測できます。話の内容はシンポジウムの「受付」の仕事についてです。事務員は、紙に個人情報を書くように言ったあとで、仕事の説明をする日を伝えていますから、「アルバイトをする」ことに決まったと考えられます。

④ 2人とも普通体で話していることから「友人同士」の会話であることがわかります。「服の売り場」「服も半額で買える」から、会話の内容は「服を売る仕事」についてであることが推測できます。仕事を勧められた女性ははっきり「(自分には)無理」と言い、ほかの友人に聞いてみることを提案していますから、答えは「しない」になります。

問題3

① 前やってた引っ越しのバイト、先月で<u>終わりになっちゃって</u>。
→「〜になっちゃって」は、「〜になってしまって」の話し言葉の表現です。「なっちゃって」のあとには、「バイトを探している」が省略されています。

② アルバイトの募集、まだ<u>やってらっしゃいますか</u>。
→「やっていらっしゃいます」が話し言葉ではよく「やってらっしゃいます」になります。また、「する」が「行う」の意味の場合、話し言葉では「やる」がよく用いられます。

③ そう<u>言ってもらえると</u>、うれしいなあ。
→「〜てもらえると、うれしいなあ」は、相手が言ったことやしてくれることに対して、歓迎していることを述べる表現です。

④ ぜひ、<u>やらせていただきたいんですけど</u>。
→「やらせていただきたいんですけど」と言い差しの形で終わっています。このあとには「いかがでしょうか」等のような言葉が省略されています。「やらせてください」や「やらせていただきたいです」と比べて、より丁寧な印象を与えます。

⑤ うん、ま、興味ない<u>わけじゃないけど</u>。
→「わけではないけれど(も)」が話し言葉では、「わけじゃないけど」となります。「興味はあるが、それほど大きな興味があるとは言えない」という意味の表現です。

> **口頭練習** ※口頭で練習しましょう。キューは日本語でも学習者の母語でもいいでしょう。

① 「〜ことになっちゃって」を使うドリル
_____ことになっちゃって。
  1. 週末もシフトに入る   2. 明日、バイトする   3. シフトに4時から入る
  4. 来週、休めない   5. バイトを辞める

② 「〜てらっしゃいますか」に変換するドリル
あのう、_____てらっしゃいますか。
  1. お店、まだやっている   2. そちら、日曜日も開いている
  3. パソコンの修理、やっている   4. ポルトガル語の辞書、置いている
  5. 会議室、何時まで使っている

③ 「〜てもらえると、〜なあ」に変換するドリル
_____てもらえると、(   )なあ。
  1. そう言う(うれしい)   2. 手伝う(ありがたい)
  3. 失敗してもいいって言う(気が楽だ)   4. たくさん来る(やる気が出る)
  5. 買い物に行く(助かる)

④ 「ぜひ〜せていただきたいんですけど」に変換するドリル
ぜひ_____、_____せていただきたいんですけど。
  1. この仕事／する   2. その資料／読む   3. ご意見／聞く
  4. この新しいプラン／発表する   5. このプロジェクト／参加する

⑤ 「~わけじゃないけど」を使うドリル
　　_____わけじゃないけど。
　　1. その仕事、やりたくない　　　2. 週末、働けない
　　3. そのバイト、できない　　　　4. 今の仕事、おもしろくない
　　5. 今晩、時間がない

■ポイントリスニング
　この問題は、話している人自身が何かをやりたいか、それとも話しかけている相手または別の誰かに何かをやってほしいかを問う問題です。どんな語彙や表現によってそれが判断できるか、誰が誰に言っている発話だと考えられるか等も合わせて確認するといいでしょう。

① 「田中さんに案内してもらいたい」と言っているので、話し手は田中さんが案内することを望んでいます。独り言の言語形式「~なあ」で終わっていますが、聞き手（田中さんか別の人）の存在を意識した発話です。
② 「~てみたくて」と言っていますから、話し手の希望であることがわかります。
③ 「~てみたいです」から話し手の希望であること、「ぜひ」と言っていることからそれが強い希望であることがわかります。
④ 「~ていただけるとありがたい」は依頼のときに使う表現です。「仕事を紹介していただけるとありがたい」と言っていますから、「仕事を紹介する」のは聞き手になります。
⑤ 「~てほしい」は「~てもらいたい」と同様、相手か別の誰かが自分のために何かをしてくれることを望んでいます。
⑥ 「チャレンジさせてください」と「~せてください」で終わっているときは、自分がすることについて許可を求める言い方です。

表現

〈自分のやりたいことを述べる〉

| | その仕事、やってみたい | なあ。
んだけど。
って思ってるんだけど。 |

| | その仕事、やってみたい | です。
んですけど。
って思ってるんですけど。 |

〈相手か別の誰かに何かをしてほしい気持ちを述べる〉

| | その仕事、 | やってほしい
やってもらいたい | なあ。
んだけど。
って思ってるんだけど。 |
| | | やってもらえないかなあ。
やってもらえるとうれしいんだけど。 | |

| | その仕事、 | やっていただきたい | んですけど。
って思ってるんですけど。 |
| | | やっていただけると | ありがたいんですが。
助かるんですが。 |

■重要表現のポイント

ここでは、「新しい話題を始める」「自分がしたいという希望を述べる」という2つの機能を取り上げます。

新しい話題を始める

- 新しく話題を始める際には、まず相手の注意を自分のほうに向け、自分がこれから話す内容について相手が聞く準備ができるような情報を前置きとして与えておくと、会話がスムーズに始められます。
- 前置きでは長い説明は必要ありません。ただ、「明日の経営学のことなんだけど」と言うよりも「明日の経営学、休みだって聞いたんだけど」と言ったほうが、より多くの情報が含まれているため、これだけで聞き手は、話し手が何を話題にしたいのかが予測できます。状況に応じて何をどこまで具体的に言うか考えるといいでしょう。
- 以前一度話をしたことのある話題を持ち出す場合は、「○○のこと」「○○について」「○○の件」のような言い方があります。「こないだ話してた打ち上げのこと」「先日ご相談させていただいたプロジェクトの件」のように説明を加えると、より相手にわかりやすくなります。
- 言われたり聞いたりしたことを引用したい場合は、「〜って聞いた」がよく用いられます。

表現

〈前置き〉 ここでは、フォーマルな表現を挙げています。

・先日伺ったインターンシップ	のこと / について / の件	なんですが。
・ボランティアを探しているって聞いたんですが。		
・ここに来てくださいって言われた 　ここに来るように言われた		んですが（何ですか）。
・掲示板にあったバイト	のことで / について / の件で	伺いたいんですが。 教えていただきたいんですが。
・ネットの募集を見て 　バイトを募集してるって聞いて		お電話したんですが。

 練習　　　　　　　　※ディクテーション・シート＝p.133

問題文にはなぜこれらのことを話題にしたいかについては具体的に書かれていませんが、練習を始める際には、まず、これらの話題について何を話したいかを決めてから、その話題を相手にわかりやすく切り出すにはどのような前置き表現を使うと効果的かを考えてみましょう。フィードバックでは、習った表現が使えていたかどうかだけでなく、それぞれの本題に入る前の前置きとして、十分な内容が含まれていたかについても気をつけさせるといいでしょう。

また、表現形に注目させるために、解答例（◀︎ 48）を利用して、ディクテーションをしてもいいでしょう。

自分がしたいという希望を述べる

- 自分の希望が相手や第三者に関わる場合、話し手は希望を述べることによって、その人に何らかの働きかけをすることになります。もちろん、依頼の形や疑問の形式を使うことで相手への働きかけが明確な場合もありますが、「その仕事、やってみたいな」のように文の形が単に希望の表明であっても間接的に相手への働きかけが行われている場合もあります。
- 条件付きで希望を表明する場合は、「平日だけならやりたいな」のように「〜なら」や「〜だったら」を用います。「〜でしたら」は「〜だったら」の改まった言い方です。
- したいことを述べるときは、「やりたい」と直接的に言うより、「〜せてもらいたい」と言ったほうが、丁寧な印象を与えます。許可を求める場合は、「やらせてもらえませんか」「やらせていただきたいんですけど」のような言い方をします。
- 「〜せてもらえませんか／くださいませんか」等の表現に「(人)に」を追加した場合、ほかの誰でもなくその人がすることを話し手が希望していることを表します。「私に」の場合は、話し手自身がそれをしたいと思っていることを表します。

表現

〈「〜たい」を使って希望を述べる〉

そのプロジェクト、	やりたい(な) やってみたい(な)	(って思って)。 (って思ってるんだ)。 (って思ってるんだけど)。

〈許可の表現を使って希望を述べる〉

その仕事、(私に)	やらせて(よ／ね)。	
	やらせて	くれない？ もらえない(かな)？ もらいたいんだけど。 もらえたらうれしいな。

その仕事、(私に)	やらせてください。	
	やらせて	もらえませんか。 いただけませんか。 いただくわけにはいきませんか。 いただきたいんですけど。

練習

※ ディクテーション・シート＝ p.134

　自分の希望を述べる際、理由を言って相手に希望を受け入れてほしいと頼んだほうが丁寧になる場合があります。特に自分の希望を通すことで相手に何らかの負担や迷惑をかける場合、理由の説明は不可欠でしょう。フィードバックは、表現が使えていたかどうかだけでなく、希望の述べ方が相手を不快にしていなかったか、声の調子、間の置き方は適切だったか等、多面的に行うといいでしょう。

　また、表現形に注目させるために、解答例（🔊49）を利用して、ディクテーションをしてもいいでしょう。

■もういっぱい

トピックに関連する語彙と表現をさらに増やす練習問題です。余裕のある場合に行ってください。

問題 1

① 「(人に)あまい」というのは、「(人に)厳しくない／きつくない」の意味で、マイナスのニュアンスがあります。「(人に)からい」という言い方はありません。

② 仕事をしている人が自分の都合で仕事に行かない場合「休みを取る」と言います。有給休暇等の与えられた休みを「取る」と言いたい場合は「(休み／有休を)使う」という表現も用いることができます。

③ 「交通費がもらえる」ことを「交通費が出る」と言います。

④ 「仕事がきつい」は「仕事が大変だ」の意味です。

問題 2

① 友人 B は「そういうところで働きたい」と言おうとしているので、「働いてみたいなあ」が答えです。

② 話し手と聞き手の間で何について話しているのか明白な場合、「例の○○」と言います。「あの(プロジェクト／こと)」という言い方にも同様の用法があります。「件」は単独では用いることができず、「昨日相談した件」のように、「件」の前にその説明を加えなければいけません。

③ 課長に許可を求めているので、使役を使った「私にやらせて」が答えです。

④ 「助かる」が後続し、話し手が休むことをお願いする表現なので、「(休ませて)いただけると」が答えになります。

語彙・表現のタスク　　　　　　　　　　　　　　　　　　　　　　※ 練習シート＝ p.135

会話を完成させましょう

　会話の状況をよく考えて話を切り出す練習と、必要に応じて適当な理由を加え自分の希望を述べる練習です。以下の解答例は一例ですので、いろいろなバリエーションをクラスで話し合ってください。

　解答例：① 先日おっしゃっていた，
　　　　　　　正社員になったら生活も安定すると思う，ぜひ受けさせてください
　　　　　② って聞いたんですが，
　　　　　　　どうしても今日中に市役所へ行かなければならない，
　　　　　　　帰らせていただけるとありがたいんですが
　　　　　③ って聞いたんだけど，就職したいなあ
　　　　　④ って聞いたんだけど，やってみたい

■ロールプレイ

[手順]

　ペアやクラス全体で、下のようなストラテジーについての話し合いを行ってから、ロールプレイの練習をするといいでしょう。

- 会話はどう切り出すのが適当か
- 自分の希望を述べる際、相手によってどう言い方を変えればいいか
- 自分の希望を述べる際に理由は必要か、必要なら何をどこまで言うのが適当か
- 自分の希望が聞き入れられた場合、相手に何と言えばいいか
- 自分の希望が聞き入れられなかった場合、相手に何と言えばいいか
- 会話はどう締めくくるのが適当か

[フィードバックの観点]

- □ 会話の切り出しは適切だったか
- □ 会話の流れは自然だったか
- □ 自分の希望の述べ方は適切だったか
- □ 自分の希望を述べる際に理由は必要だったか
- □ 理由が必要であった場合、適切に述べられていたか
- □ 相手の気分を害さないような希望の述べ方ができていたか
- □ 適切に会話を終えられていたか

[その他のロールプレイタスクの例]

　Cはカジュアルな場面、Fはフォーマルな場面を示しています。

1 C　自分が働いている店はいつも学生のアルバイトを募集しています。アルバイトを探している友人(別の友人から聞いた、この間本人から聞いた、等)に、自分がやっているような仕事に興味があるか聞いてください。

2 C　大学のホームページに、○○語(学習者の母語)と日本語の通訳のアルバイト募集のお知らせがありました。書かれている日本語の意味に自信がないところがあったので、友人に内容を確かめてください。

3 C　友人がやっているアルバイトは、時給等の条件がいいと別の友人から聞きました。どんなアルバイトか、アルバイトをしている友人に聞いてください。そして、気に入ったら、どうやったらそのアルバイトができるかも尋ねてください。

4 F　市民センターの掲示板に、夏休み中の海岸掃除のボランティアを募るポスターがありました。興味があるので、係の人に話を聞きに行ってください。

5 F　レストランでアルバイトをしています。ミーティングで店長からメニューのデザインを新しくしようと思っていると聞きました。ミーティングのあとで店長のところに行って自分がデザインを考えたいと申し出てください。

6 F　先生から来月スピーチコンテストがあり、そこで司会をする人を探していると聞きました。司会の仕事に興味があるので、先生に相談してください。

7 F　取引先の人を空港まで迎えに行ってほしいと上司に言われていましたが、体調が悪くて行けそうにありません。上司に事情を説明して、ほかの人に代わってもらってください。

■ロールプレイ準備シート　　　　　　　　　　　　　　　　※ ロールプレイ準備シート

2人でペアになり、ロールプレイタスクについて下の内容を相談して決めてください。そして、どのように話を進めればよいか2人で準備してから、ロールプレイをしましょう。

> **例** バイトの休憩から戻ると、店のマネージャーが自分を探していたと聞きました。明日と明後日の自分の休みの日のことで話があるようです。マネージャーのところに行って話をしてください。

話す場所	アルバイトをしているレストランのマネージャーの部屋
誰が誰に？	従業員（リャン）➡ マネージャー（有馬）
人間関係と状況	従業員とマネージャー。リャンさんは、明日と明後日に休みをもらっている。友人と一泊旅行をする予定だが、明後日の午後にはうちに戻っている予定。バイトの休憩時間から戻ると、マネージャーが自分を探していたと同僚から聞いた。
内容	明後日の夜、急に中国からの団体客の予約が入ったので、マネージャーは中国語が話せるリャンさんに接客をしてもらいたいと思っている。中国語がわかるスタッフはリャンさんしかいない。
会話の進め方は複雑？	それほど複雑ではない。マネージャーの部屋に行って、マネージャーが自分を探していたと聞いたと伝える。マネージャーに明後日は仕事に出てほしいと言われたら、夕方からなら働けると伝える。
使う表現	【会話を始める】 ・有馬さんが私を探していたって聞いたんですけど。 ・有馬さんが、私の休みのことで話があるみたいだって聞いたんですけど。 【自分の希望を述べる】 ・夕方5時以降なら大丈夫だと思うんですけど。 ・夜だけでよければ、やらせてください。
会話で工夫すること	・話を切り出すときは、マネージャーが自分を探していたと聞いたということを簡単に伝える。具体的な内容（休みのこと）は言っても言わなくてもいい。 ・自分の希望を述べるときは、自分ができないことははっきり伝えながら、同時にどのような条件ならできるかを述べる。

ほめられて

【この課で学習する内容】

　第7課では、ほめるときの言い方、ほめられたときの応え方について学習します。ほめるという行為は文化によって大きく異なります。一般に日本社会では、ウチの関係の者、また目上の人を直接的な言い方でほめることは控えられます。特にフォーマルな場では、自分やウチの関係の者がほめられた場合、それをそのまま肯定することは少ないと言えるでしょう。日本語で目上の人を直接的にほめないのは、「ほめる」という行為が相手を評価することと結び付くからです。

　ここでは、人をほめるときの表現と、ほめられたときの応え方を中心に、相手と場面に応じてそれらの表現を使い分ける力を身につけることを目標としています。この課は、日本社会における「ほめ」と学習者が育った社会における「ほめ」との相違点についても考えてもらうきっかけとなるでしょう。

■聞き取り練習の前に

> どんなことでほめられたことがありますか。言われて何とこたえましたか。

　学習者に、これまでにどんなことについて日本語でほめられたことがあるかを尋ね、ウォーミングアップとします。そのとき、何と言って応えたか(「ありがとう」と言って感謝した、「そんなことはない」と否定した、「自分もそれが気に入っている」というようにさらにコメントを追加した、等)を学習者に聞いてみることで、人によって、また文化的背景によって、さらにはほめの対象によって、応え方に違いのあることを認識させることができるでしょう。

　また、ここでは、初級段階で学習する、ほめについての語彙や表現の確認もできます。確認する際には、普段どんな表現を使っているか、またどんな表現を耳にすることが多いか、質問するのもいいでしょう。

ほめに関わる語彙・表現

以下に挙げるのは、初級で学習済みだと考えられる語彙・表現です。

● ほめるときの表現

- <u>いいかばん</u>ですね。
- そのかばん、<u>いい</u>ですね。
- そのかばん、軽<u>くていい</u>ですね。
- そのかばん、ポケットがたくさんあって使い<u>やすそう</u>ですね。

● ほめに応えるときの表現

〈能力や技能についてほめられたとき〉

A：日本語、上手ですね。
B：・いいえ、｜ まだまだです。
　　　　　　｜ まだまだ勉強しないと。
　　　　　　｜ それほどでもないです。／それほどでも(ありません)。
　　　　　　｜ そんなことないです。／そんなことありません。
　　　　　　｜ たいしたことないです。／たいしたことありません。
　・そうですか。ありがとうございます。
　・本当ですか。ありがとうございます。

〈身に着けている物や持ち物についてほめられたとき〉

A：そのネクタイ、似合ってますね。
B：・そうですか。ありがとうございます。
　　・そうですか。でも、これ、古いんですよ。

※親しい間柄では、ほめられた場合にそれを否定しないこともあります。特に、持ち物についてほめられた場合には、ほめを否定しないことも少なくありません。

■語彙と表現の学習

【1】コメントをする対象とそのコメントが適切に結び付いているかを考える問題です。問題を解いたあとに、そのコメントが意図する内容についてもクラスで確認するといいでしょう。

① 「あれ？」という表現があるので、前回見たときとの違いに気付いたことがわかります。前回と「服」が違っていることは珍しいことではないので、答えは「服」です。ここでは「変えた？」と短く終わっていますが、「変えた？」のあとに、「その髪型、夏らしくていいね」や「かっこいいですね、その車」等、話題に取り上げた事柄についてコメントを述べるのが一般的です。

② 能力や技能を表す「できる」と共に用いることが可能な言葉は限られています。英語等の外国語、料理や仕事等の動作を表す言葉、パソコン等の操作技術が必要な機器、等です。「車ができる」とは言えませんが、「車の運転ができる」という言い方なら可能です。

③ 「似合って(い)ます」は、対象となる物がその人にうまく合っていて調和が取れているという肯定的なコメントを述べたい場合に多く使われます。衣服、アクセサリー、髪型等によく用いられる言葉です。「バッグが似合う」とは言いませんが、「そのバッグの色と靴はあまり合っていない」のように言うことならできます。

④ 「デザイン」と「色」は、どちらも「ジャケットの〜」に後続し、「いい」を使ってコメントすることができます。それに対し、「センス」は「ジャケットのセンス」のように特定の衣類とではなく、「服のセンス(がいい)」という表現のほうが一般的です。

⑤ 「わかりやすい」とほめることができるのは、プレゼンの「スライド」と「説明」です。「話し方」であれば「わかりやすい」と言うことができますが、「声」を「わかりやすい」とは言いません。

【2】肯定的なコメントと否定的なコメントを区別できるかどうかを問う問題です。

① 「前の髪型のほうがよかった」と言っているので、間接的に今の髪型を否定しています。ちなみに、「〜たほうがよかった」という文型を使うと、「そうしなくて残念だ」という意味になります。例えば、「もっと短く切ったほうがよかった」は、「短く切らなかったので残念」という気持ちを表しています。

② 相手が身に着けている時計を話題に挙げて、自分も同じような時計をずっと探していると言っていますから、これは相手の時計を肯定していることになります。

③ 「一番いいんじゃない？」と言っているので肯定的なコメントです。「Xんじゃない？」は文末のイントネーションが上がると「Xと思う」と肯定する意味になります。

④ 「そんなジーンズ」の「そんな」、「2万円も」の「も」が否定的な意味を含んでいます。「そんな」は純粋に何かを指して「そのような」と言う場合と、「ひどい、よくない」という否定的なコメントを含意している場合があります。ここでの「そんな」は後者の意味になります。また、「も」が金額に附随することで「支払った2万円という額が多すぎる」という意味になります。「出す」が「(支)払う」の意味で使われていることもおさえておきましょう。

⑤ 「明るくなった」は「快活になった」「元気そうだ」の意味です。

| 語彙・表現のタスク | ※ 練習シート＝ p.136 |

言われてうれしいのは…？

解答： うれしいコメント：①と③と④

① バックパック　② スカート　③ 髪型　④ 帽子　⑤ 車

会話を完成させましょう

解答例：① まだまだがんばらないと　② 安かったんです

③ ネットで見ておいしそうだったから、作ってみたんだ

④ それはよかった　⑤ もうおじいちゃんなんだけどね

■聞き取り練習

問題1　聞き取りのポイント

① お互い普通体で話しており、最初の男性の第一声が「お姉ちゃん、髪型、変えた？」というところから、これが「姉弟」の会話で、姉の「髪型」について話していることがわかります。男性の「前より、だいぶやせて見えるし」という発話から、切る前の髪型より「(顔等が)やせて見える」ことがわかります。

② お互い丁寧体で話していて、話題が、一方が買った「かばん」であること、そのかばんにはお弁当箱が入れられて便利なこと等について話していることから、ある程度親しい「同僚同士」の会話であることが想像できます。一方が、いいかばんだとほめたのに対し、相手は「A4サイズが入るし、それに、底が広いからお弁当もそのまま入れられて、便利なんです」と言い、「形が気に入った」ことを購入の理由として挙げています。また、「赤い色が一目で気に入っちゃって」とも言っていますから「色が気に入った」こともそのかばんを買った理由に加えられます。

③ 2人ともかなりくだけた普通体で話しています。最後に「6時の授業終わったら」と言っていますから、親しい学生同士(「友人同士」)の会話であると考えられます。話題は一方が行った「プレゼン」についてで、「スライドなんて完璧だった」という発話から、プレゼンで用いた「スライド」がとてもよかったということがわかります。

④ どちらも丁寧体で話していますが、一方が相手を「木村さん」と呼び、木村は相手を「コーチ」と呼んでいることから、2人が「コーチと生徒」の関係であることがわかります。話題は「テニス」です。コーチが「上達した」と言っているのに対し、「ここ1か月ほど、先生に教えていただいたイメージトレーニングをやってるんですよ」と言っていることから、これが上達の理由であることがわかります。

問題3

① けっこう<u>似合ってる</u>って思うよ。

→話し言葉では、よく「ている」の「い」が落ち、「と思う」が「って思う」になります。ここでは「似合っている<u>と</u>思う」が「似合ってるって思う」になっています。

② この赤い色が一目で<u>気に入っちゃって</u>。

→「気に入っちゃって」は、スキットのその前の相手のせりふ「買った」につながります。「(気に入っ)ちゃって」は「(気に入っ)てしまって」の口語的な言い方です。

③ 昨日のプレゼン、<u>すごくよかったんだって？</u>
  →「よかったのだと（聞いた）」が「よかったんだって」となっています。
④ 最近、テニスの腕、<u>上がったんじゃないですか。</u>
  →「上がったのではありませんか」が「上がったんじゃないですか」になっています。「んじゃないですか」は、「と思います」の意味で、話し言葉で頻繁に使われます。
⑤ でも、<u>そう言っていただけると</u>、励みになります。
  → 話すときには、「そう言って」の「そう」が短く「そ」と発音されることもあります。

<u>口頭練習</u>　※口頭で練習しましょう。キューは日本語でも学習者の母語でもいいでしょう。

① 「～って思うよ」を使うドリル

　＿＿＿＿＿って思うよ。
　　1. そのスーツ、似合ってる　　　2. そのネクタイ、スーツに合ってる
　　3. 日本語、上手になってる　　　4. プレゼン、だんだんうまくなってる
　　5. そのレポート、よく書けてる

② 「～が一目で気に入っちゃって」のドリル

　＿＿＿＿＿が一目で気に入っちゃって。
　　1. この形　　　　　2. このデザイン　　　　3. この大きさ
　　4. この場所　　　　5. ここの雰囲気

③ 「～んだって？」を使うドリル

　＿＿＿＿＿、＿＿＿＿＿んだって？
　　1. 先週のテスト／よかった　　　　　2. プレゼン／すごくうまく行った
　　3. 仕事／行きたかったところに決まった　　4. ○○のレポート／Aをもらった
　　5. スピーチコンテスト／学校の代表に選ばれた

④ 「～んじゃないですか」のドリル

　＿＿＿＿＿んじゃないですか。
　　1. その髪型、いい　　　　　2. そのデザイン、かっこいい
　　3. テニス、上達した　　　　4. この絵、うまく描けてる
　　5. 最近、料理の腕、上がった

⑤ 「そう言っていただけると、～」のドリル

　そう言っていただけると、＿＿＿＿＿。
　　1. うれしいです　　　2. 励みになります　　　3. ありがたいです

■ポイントリスニング

　この問題は、ほめている人が何についてコメントしているのかを考える問題です。話題になっている事柄を決定付ける言葉がどれかわからなかったり、その意味や使い方の理解があいまいだったりすると、話題になっていることが何か判断できません。何について話しているか話し手と聞き手の両方がわかっている、またはすぐにわかる場合は、あえて話題を言わないこともあります。学習者にはこの点についても説明してください。

　また、答えを確認するだけでなく、このように言われた場合、どのように応えるといいか考えさせてもいいでしょう。

① 「読みやすい」によって、これが書かれたもの、ここでは「f. 字」について話していることがわかります。

② 「声」をほめ、「もう一回聞きたい」と言っているので、話題に挙がっているのは「e. 歌」です。

③ 「切った？」「短いの」と言っているところから、「c. 髪型」に対する評価であることがわかります。また、「よく似合ってる」と言っていることから、その髪型を肯定的に捉えていると判断できます。

④ 「今回」と「前」を比較し、技能の向上について言っています。技能が関係するものには「b. 料理」と「f. 字」もありますが、「わかりやすい」と言えるのは「d. 発表」だけです。

⑤ 「上手ですね」からは何か技能に関わることに対するコメントであることしかわかりませんが、「おいしいです」によって答えを「b. 料理」に絞ることができます。

⑥ 「今日のシャツとよく合ってますね」と言っていることから、「a. ネクタイ」であると推測できます。

注意が必要な表現

次のような語彙や表現を用いてほめた場合、ほめた本人にはそのつもりがなくても相手が不快に思ったり予想外の解釈をしてしまったりすることもありますから、注意が必要です。

- **まあまあいい、けっこういい**：「まあまあ」には不満の気持ちが含まれます。また「けっこう」は上から下へ評価しているニュアンスが含まれますので、目上の人に用いないほうがいいでしょう。
- **田中さんは上手ですね、そのスカートはいいですね**：「田中さん」以外の人、「そのスカート」以外は、だめだという意味を含みます。「田中さん、上手ですね」「そのスカート、いいですね」のように無助詞で言うのが一般的です。

■重要表現のポイント

ここでは、「ほめる」「ほめに応える」という 2 つの機能を取り上げます。

ほめる

- 「ほめる」場合にまず注意しなければならないのは、誰に対して、また、何についてほめるかということです。文化によっては、目上の人をほめたり、他人の前で身内の者をほめたりする場合もありますが、日本社会では、一般的にそのようなケースはあまり多く見られません。目上の人をほめるとその人を評価していると受け取られます。また、身内を人前でほめないのは、自慢しているように受け取られるからです。
- ただし、親しい間柄や相手の持ち物に関しては、直接的な言葉で相手や相手に関わる事柄をほめます。
- 距離のある間柄やフォーマルな場では、間接的なほめが好まれることがあります。「自分もそういうのがほしいと思っている」「あなたのようになりたい」というようなコメントを添えることで、相手や相手の持ち物等への高い評価を伝えることができます。
- 「田中さんは歌が上手ですね」のように相手を話題にする場合、「田中さんは」ではなく「田中さんって」が多く使われます。「田中さんは」とすると「ほかの人は上手ではないけれど、田中さんは上手だ」という意味になってしまうからです。そのため、「田中さん、歌が上手ですね」

と無助詞で言ったり、「田中さん」という主語を言わなかったりもします。同様に、「ゴルフは上手ですね」「そのシャツは似合ってますね」とは言わず、「ゴルフ、上手ですね」「そのシャツ、似合ってますね」と助詞を使わないのが一般的です。

> **表現**
>
> 〈直接的にほめる〉
> ・田中さんって、ゴルフ、上手だね。
> ・最近、うまくなったんじゃない？
>
> 〈間接的にほめる〉
> ・私もそういうのがほしいって思っているんです。
> ・私も川村さんみたいにテニスができたらなあ。
> ・山下さんの発表は違いますね。

> **練習**　　　※ディクテーション・シート＝p.137

　テキストに設定してある状況で、どうほめるとほめた本人もほめられた相手も気分がいいか、考えてもらうようにしましょう。一文でほめを完結させるのではなく、相手がどう応えるかによって、ほめを強調する文やそう思う理由等を補足するとさらに効果的です。フィードバックは、習った表現が使えていたかどうかだけでなく、ほめに用いられた語彙や表現が嫌味や皮肉に聞こえるようなことはなかったか等にも気をつけるといいでしょう。余裕があれば積極的に使われる表現と誤解を招く恐れのある表現についても意見を出し合ってみてください。

　また、表現形に注目させるために、解答例（🔊56）を利用して、ディクテーションをしてもいいでしょう。

> **ほめに応える**

- 親しい間柄でくだけた場面では、ほめられたことに対してその通りだと言って応答することがあります。また、感謝の気持ちを述べたり、ほめられてうれしいという気持ちを表したりすることもあります。
- フォーマルな場では、ほめられたときにたとえ自分がその通りだと思っていても、それを全面的には肯定せず、一部を否定したり、ネガティブなコメントや説明を付け加えたりすることが多いです。
- 上司や先生等、評価を下す上位の者から肯定的な評価を受けた場合は、素直にそれを受け入れて喜びの気持ちや感謝の気持ちを伝えます。「先生のおかげです」「そう言っていただけると、励みになります」等と言って、ほめてもらったことに感謝したり、うれしく思っているという気持ちを伝えたりします。また、「もっとがんばりたいと思います」等と今後の努力について言及するのもいいでしょう。学習者は、通り一遍に「いいえ、そんなことないです」等とほめを否定する表現を使いがちですが、そういった言い方以外にも表現のバリエーションがあることを提示するといいでしょう。

表現

〈感謝する〉

- ほんと？ / そう？ ／ ありがとう。
- 田中さんのおかげ。
- 田中さんが 手伝って／助けて くれたからだよ。

- 本当ですか。／そうですか。 ／ ありがとうございます。　※「ありがとうございました」は使いません。
- 田中さんのおかげです。
- 田中さんが 手伝って／助けて くださったからです。／くださったおかげです。

〈喜ぶ〉

- うれしい(なあ)。
- そんなふうに言ってもらえる と／なんて うれしいなあ。

- うれしいです。
- そんなふうに言っていただけると うれしいです。／励みになります。

〈否定する〉

 いや(いや)、そんなことないよ。／それほどじゃないよ。／たいしたことないよ。／そんなにできないよ。

 いえ(いえ)、そんなことないです。／とんでもないです。／それほどじゃありません。／たいしたことないです。

 練習　　　　　　　　　　※ディクテーション・シート＝p.138

　テキストに設定してある「ほめ」に一文で応えて会話を終えるのではなく、ほめる側もほめられた側も、話題になっている事柄についてさらに話を続けるようにしましょう。フィードバックは、表現が使えていたかどうかだけでなく、ほめやほめに対する応えに添える言葉が適切だったか、声の調子、間の置き方は適切だったか等、多面的に行うといいでしょう。

　また、表現形に注目させるために、解答例（ 57 ）を利用して、ディクテーションをしてもいいでしょう。

■ もういっぱい
トピックに関連する語彙と表現をさらに増やす練習問題です。余裕のある場合に行ってください。

問題1
ここで取り上げられているのは、ほめたり励ましたりする場でよく用いられる言葉です。

① 「上達する」の意味で用いられるのは「腕を上げる」です。
② 「あんまり上手になってたから、驚いたよ」が答えです。初級で学習する「あ(ん)まり」は否定形と共に使われる用法(「あまり上手じゃない」)が主ですが、ここでは一般に考えられている程度を超えていることを表す「あまり」が出てきています。この意味の「あ(ん)まり」は、「あ(ん)まり〜ので／から…」というように理由の表現として使用され、そのあとに感情の表現等が続きます。また、この「あ(ん)まり」はプラスの評価にも「あ(ん)まり部屋が汚いからびっくりした」のようにマイナスの評価にも使用されます。なお、くだけた話し言葉では「あまり」は、「あんまり」になることが多いです。
③ 「(先生が)基礎をしっかり教えてくださったからですよ」と言っていますから、ここでは先生への感謝の気持ちを述べています。「〜のおかげ」も「〜のせい」も結果の原因や理由を表す表現ですが、感謝の気持ちを含んでいるのは「おかげ」です。
④ 励ましの表現としては「がんばれ」「がんばってください」がよく知られていますが、「しっかりね」という表現もよく使われます。

問題2
① ・「歌は」と言うと、暗に「歌以外は上手ではない」という意味を含んでしまう可能性がありますから、助詞のない「歌、お上手ですね」のほうが適当です。
　・「そうじゃない」は、「A：留学生ですか？ B：いいえ、そうじゃないです」というように名詞文に対する否定の応答に使用されます。「上手ですね」は形容詞文なので、「そうじゃない」は不可となります。
② 「〜すぎる」を肯定的に使う用法はまだ広く認められていません。この場合は相手をほめているので「わかりやすい」が適当です。
③ ・「違う」を使う場合、「今日の香水(いつもと)違う？」なら適当な表現ですが、今匂いがした香水について言っているので「違った？」と過去形を用いることはできません。
　・また、「あっ、わかる？」というのは、「気付いた？」の意味です。

| 語彙・表現のタスク | ※ 練習シート＝p.139 |

会話を完成させましょう

解答例：① わかります(か), いいですね, そう言ってもらえるとうれしいです, そういうのにしたいって
　　　　② うまくなったよね, 池上さんのおかげだよ, もっとがんばらないと

■ロールプレイ

[手順]

ペアやクラス全体で、下のようなストラテジーについての話し合いを行ってから、ロールプレイの練習をするといいでしょう。

- ・ ほめるときにどう切り出すか
- ・ どんな言葉を使ってほめるか
- ・ ほめられたらどう応えるか(肯定的に応えるか、否定的に応えるか)、それにどんな内容を添えればいいか
- ・ ほめられた人がほめを否定した場合に、ほめた人は次に何と言えばいいか
- ・ 会話はどう締めくくるのが適当か

[フィードバックの観点]

- □ 会話の始まりは自然だったか
- □ ほめるときの語彙や表現は適切だったか
- □ ほめられたときの応え方は相手に不快感を与えるものでなかったか
- □ ほめられた人の応えに対して、ほめた人は自然に会話をつないでいたか
- □ カジュアルな場とフォーマルな場との違いに応じて表現を使い分けられていたか
- □ 話の終わり方は適切だったか(ほめた人もほめられた人も気分を害することがなかったか、等)

[その他のロールプレイタスクの例]

Cはカジュアルな場面、Fはフォーマルな場面を示しています。

1 C 留学生の友人とカラオケに行きました。日本語の歌を上手に歌う友人に何か言ってください。

2 C バイト先のレストランで、一緒に働く同僚が新メニューのポスターを作りました。感想を言ってください。

3 C よく友人とゴルフに行きます。どんどん上手になっている友人に何か言ってください。

4 C 新しいめがねをかけてきた友人に何か言ってください。

5 F 1年ぐらい合気道を習っています。最近少し自信がついてきました。先生と話をしてください。

6 F 上司がいい色のコートを着ています。コートについて上司に何か言ってください。

7 F 同僚の女性が髪型を大きく変えました。何か言ってください。

8 F 会社の先輩が同僚の結婚式でスピーチをしました。感想を言ってください。

■ロールプレイ準備シート

　２人でペアになり、ロールプレイタスクについて下の内容を相談して決めてください。そして、どのように話を進めればよいか２人で準備してから、ロールプレイをしましょう。

> **例**　いつもプレゼンが上手な同僚に何か言ってください。

話す場所	会社の会議室でプレゼンが終わってから
誰が誰に？	同僚A ➡ 同僚B（トム）
人間関係と状況	同じプロジェクトに取り組んでいる先輩の同僚（トムさん）。ただし、あまり親しいわけではない。トムさんは、日本語でも英語でもわかりやすいプレゼンをするという定評がある。今回は、トムさんの日本語のプレゼンを聞いた。
内容	同僚（トムさん）は、新商品の紹介のプレゼンを、社外の大勢の人に向けて日本語で行った。英語だけでなく、日本語でのプレゼンもわかりやすかった。
会話の進め方は複雑？	それほど複雑ではない。プレゼンのあとに感想を述べる。
使う表現	【ほめる】 ・トムさんの日本語のプレゼンって初めて聞いたんですけど、すごくわかりやすかったです。 ・私もトムさんみたいにうまくプレゼンができたらなあって思いました。 【ほめに応える】 ・えっ、そうですか。 ・日本語のプレゼンはいつもすごく緊張するから、うまくできたか心配で。そう言ってもらえるとうれしいなあ。
会話で工夫すること	・ほめるときには、何がよかったのか具体的に説明する。 ・ほめられたときには、素直に自分の気持ちを伝える。

交通手段

【この課で学習する内容】

　第8課では、交通手段というトピックで、どちらがいいかアドバイスを求めるときやアドバイスを与えるときの言い方、そして、条件付きでこちらがいいと言うときの言い方等を学習します。アドバイスを与えるときには、高圧的にならないように言い方を工夫する必要があります。また、自分がアドバイスとして与える情報をどのぐらい確実に知っているかによっても伝え方は変わってきます。さらに、正確に情報を伝えるために、「○○という条件なら、こうなる」というように条件付きで情報を与えたりすることも必要になってきます。

　ここでは、アドバイスを求めたり与えたりするときの表現を、相手と場面に応じて使い分ける力を身につけることを目標としています。

■聞き取り練習の前に

> 目的地までどんな乗り物を使って行きますか。場所や時間によって、行き方を変えますか。

　ある場所に行くのにどんな交通手段を使うか学習者に尋ね、ウォーミングアップとします。日本では、遠出をするときに自家用車、電車、新幹線、高速バス、飛行機等、様々な交通手段が用いられます。交通網が発達している都会では、電車や地下鉄、バスが利用されることが多いです。また、時間帯によって道の混み具合が変化することもあるので、バス、タクシー、自転車、車、徒歩等、一日の中でも交通手段を変えることがあります。このように、状況によって交通手段が変わることを認識させることで、この課の目標を明確にすることができます。

　初級段階では、道聞きや道の説明、所要時間に関わる基本的な語彙や表現を学習していることが多いですが、ここでは、学習者がそれらをどの程度理解し、使えるようになっているのかも確認することができます。

● 交通に関わる語彙・表現

以下に挙げるのは、初級で学習済みだと考えられる語彙・表現です。

● 所要時間について尋ねる表現

駅から市役所まで、バスで | どのぐらい　| かかりますか。
　　　　　　　　　　　　| 何分ぐらい　| ですか。

※「かかる」は比較的時間が長いときに使います。そのため、「1分かかります」ではなく、「1分です」が自然です。
※料金について聞く場合には、「いくら、かかりますか／ですか」と聞きます。

● 交通に関わる表現

・バスで　　　｜　行く
　歩いて
　バスに乗って

・新宿で　｜　バスに乗る
　　　　　｜　バスを降りる
　　　　　｜　地下鉄から JR に乗り換える

・普通／急行／快速／特急に乗る

・橋／川を渡る、公園を通る、北海道を旅行する

・まっすぐ行く

・角
　つきあたり　　　　｜ を／で (左／右に) 曲がる
　2つ目の交差点
　茶色のビルのところ ｜

■語彙と表現の学習

【1】交通手段と時間に関わる言葉を問う問題です。問題を解く前に(場合によっては解いたあとに)「遅い、遅れる、急ぐ、間に合う、待ち合わせ(る)」といった言葉の意味を確認するといいでしょう。

遅い：時間や速度に関する形容詞で、マイナスのニュアンスがあります。「帰宅が遅い」「バスが遅い」等と言います。動詞を修飾するときには、「遅く」になります(例：父は夜遅く帰ってきた)。

遅れる：予定より遅くなるときに使います。共に使われる名詞は、「電車／バス／出発／到着／発車／帰宅(が遅れる)」等です。助詞の「に」を伴って「授業／締め切り／学校に遅れる」という言い方もあります。似た動詞に、「遅らす、遅らせる」があります。これらは、意図的に予定より遅くするときに使います。例は、「出発／帰国／予定／開始／締め切りを遅らす(遅らせる)」です。

急ぐ：一緒に使われる名詞は、「帰り／帰国／帰宅／道／出発(を急ぐ)」「会社／駅(に／へ急ぐ)」等です。副詞的な用法としては「急いで(帰る／出かける)」があります。

間に合う：決められた時間や期限に遅れないことを表すときに使います。「電車／終電／約束の時間／締め切り／会議に間に合う」といった使い方があります。

待ち合わせ(る)：お互いがあらかじめ時間と場所を決めておき、会ってから一緒に何かをすることが目的で、そこで会うことを言います。人と人が会う場合に使い、バス等の乗り物と「待ち合わせる」とは言いません。「待ち合わせは駅の改札だ／2時だ」「待ち合わせの時間に遅れる」のように使います。また、似た言葉の「待つ」は乗り物を待つときにも、時間と場所を指定していない相手を待つときにも使えるところが「待ち合わせる」とは異なります。

① 「急がないと」は、「急がないといけない」の「いけない」が省略された表現です。話し言葉では、「～ないといけない」の「いけない」が省略された形がもっぱら使われます。相手に働きかける場合には、「～ないと(ね)」という形がよく使用されます。

② 「授業、5分でも」という表現が前にあるので、当てはまるのは、動詞の「遅れる」です。

③ 「○○の時間」に当てはまるのは名詞なので、可能性は「待ち合わせ」か「乗り換え」です。「もうちょっと早くしたほうがよかった」と言っていて、自らの意志で「早くできる」のは、「待ち合わせ(の時間)」です。

④ 「新宿で快速に」に続く動詞は、「乗り換える」(ここでは「乗り換え(れば)」)です。

⑤ その前のゆかりの発話に「高山先生の授業」とあるので、授業について話していることがわかります。そのため、当てはまるのは「間に合う」か「遅れる」ですが、文脈の意味を考えれば、「間に合う」が答えとなります。

【2】似ている言葉の使い分けを問う問題です。

① 混雑している場合は、「道が混む(込む)」と言い、「道が忙しい」とは言いません。ほかに「渋

滞している」という表現があります。

② 「かかる」は、所要時間が比較的長いと話し手が思っている場合に使用する言葉なので、「歩いて1分です」のほうが適切です。

③ バスが何台あるかを言う場合には、バスの「台数」と言いますが、ここでは朝と夕方は頻繁にバスが来るということを言っていますから、バスの「本数」が答えです。「病院までのバスは1時間に2本ある」のように使います。

④ 最後に止まる駅は、「終点」と言います。バスの場合も同様です。

⑤ 一定区間を一往復する(行って帰って来る)ための切符は、「往復(切符)」と言います。「行き帰り」は、「学校の行き帰りに、花屋の店長をよく見かける」等、行くときや帰るときのことを言い、その過程で起こる/起こった出来事について描写するときに使います。

語彙・表現のタスク　　　　　　　　　　　　　　　　　　　　　　　　**※ 練習シート＝ p.140**

乗客・駅員どちらが言いますか

　乗客・駅員どちらの発話か考える問題です。駅員は、③「この電車は、渋谷に止まると思いますよ」のようなあいまいな言い方はしません。ほかに、駅やバスのアナウンスでよく聞く言葉には、以下に挙げるようなものがあります。学習者にどんなアナウンスを聞いたことがあるか、聞いてみるのもいいでしょう。

　　駅のホーム：黄色い線の内側にお下がり下さい。

　　　　　　　　3番線ホームに名古屋行き快速電車が入ります。ご注意下さい。

　　　　　　　　まもなく電車が到着します。ご注意下さい。

　　　　　　　　電車が通過します。お気をつけ下さい。等

　　電車の車内：次、右側のドアが開きます。

　　　　　　　　○○駅へお急ぎの方は、次の○○駅で快速にお乗り換え下さい。

　　　　　　　　次は京都です。山陰線は乗り換えです。

　　　　　　　　静岡行きは、向かいの電車にお乗り換え下さい。等

　　バスの車内：お降りの方はボタンを押して下さい。等

　　解答：　①駅員　　②乗客　　③乗客　　④駅員　　⑤乗客　　⑥駅員

反対の意味になる言葉を書きましょう

　　解答：　① 空いている　　② 閉まる　　③ 下(くだ)り　　④ 始発(電車)　　⑤ 片道
　　　　　　⑥ 帰り　　⑦ 到着する　　⑧ 遅れた／遅刻した

■聞き取り練習

問題1 聞き取りのポイント

① 2人は普通体で話しています。普通体で話す可能性があるのは、「同僚同士」です。「再来週の大阪出張だけど、飛行機か新幹線、どっちにする?」と言っているので、話題は「大阪までの行き方」です。「どっちかって言えば、新幹線かな」と1人が言い、会話の終わりでは、もう1人が「じゃあ、新幹線の予約しとくよ」と言っているので、「新幹線」で行くことにしたことがわかります。

② 2人とも丁寧体で話しています。1人が「博多行きの飛行機」のフライト状況について聞き、も

う1人が答えているので、「乗客とカウンター係」が答えになります。話題は、「飛行機の便」です。飛行機が全便13時まで欠航だとわかったあとに、「はじめから新幹線にしとけばよかった」「じゃあ、えっと、（飛行機を）キャンセルで（お願いします）」と言っているので、「新幹線」で行くことにしたことがわかります。

③ 2人とも丁寧体で話しています。男性が「今日の午後、打ち合わせがあって町中書店に行くことになってるんですけど」と言っていますので、職場の「同僚同士」の会話であることがわかります。男性は、町中書店に行くのが初めてなので、何を使って行くのがいいか女性に尋ねています。女性は、「町中書店って、本郷三丁目でしたっけ？」と聞いたあと行き方を説明していますので、話題は「本郷三丁目までの行き方」です。男性は、女性が「JRじゃなくて、銀座線のほうがいいんじゃないでしょうか」と言ったのを受けて、「銀座線」で行くと考えられます。

④ 2人とも丁寧体で話しています。一方が終点までの所要時間を聞き、聞かれたほうは「○○だと思います」「だいたい、そのぐらい」とはっきり述べていないこと、「私も夜はいつもバスなんです」と言っていることから、2人が「乗客同士」であることがわかります。「この高速バス、初めてなんですけど」「迷ってたんですが、バスにしてよかった」と言っているので、乗っているのが「高速バス」であることがわかります。

問題3

① どっちかって言えば、新幹線かな。
　　→「どっちかって言えば」は、「どちらかと言えば」の口語的な言い方です。

② 新幹線のほうが楽なんじゃない？　荷物もあるし。
　　→ 上昇イントネーションで発話される「～んじゃない？」は、自分の意見を述べた上で相手がどう思うかを尋ねる表現です。ここでは、自分がそう思う理由を、「～し」で付け加えています。

③ はじめから新幹線にしとけばよかった。
　　→「しとけば」は「しておけば」の口語的な言い方です。

④ 時間はあんまり変わんないみたいなんですけど。
　　→「あんまり」「変わんない」は、それぞれ「あまり」「変わらない」の口語的な言い方です。

⑤ 電車にしようかバスにしようか、迷ってたんですが、バスにしてよかった。
　　→ この場合、「にしようか」の部分は比較的明瞭に発音されていますが、口語では「にしよっか」となることもあります。また、「迷っていた」の「い」の音が落ちて「迷ってた」になっています。

> **口頭練習**　　※口頭で練習しましょう。キューは日本語でも学習者の母語でもいいでしょう。

① 「どっちかって言えば、～かな」を使うドリル
　　どっちかって言えば、＿＿＿＿＿かな。
　　　1. 朝早くないほうがいい　　　　　2. 降りてから楽なほうがいい
　　　3. 乗り換えが少ないのがいい　　　4. 電車よりバスのほうが最近よく使う
　　　5. 朝より夜のほうが混んでる

② 「～んじゃない？　～し」を使うドリル
　　＿＿＿＿＿んじゃない？　（　　）し。
　　　1. 飛行機のほうがいい（楽だ）　　　　2. 高速バスがいい（寝て行ける）
　　　3. 地下鉄は混んでいる（今ラッシュだ）　4. 歩くのはきつい（けっこう距離がある）
　　　5. タクシーは簡単につかまらない（こんな時間だ）

③ 「～とけばよかった」に変換するドリル

＿＿＿＿とけばよかった。

    1. 前もって、切符を買う   2. 時刻表を見る

    3. さっき止まったときにトイレに行く   4. 自由席じゃなくて指定席にする

    5. 出発、午後じゃなくて朝にする

④ 「あんまり～ないみたいなんですけど」に変換するドリル

（   ）は、あんまり＿＿＿＿ないみたいなんですけど。

    1. (値段)高い   2. (早さ)違う   3. (接続)いい

    4. (その時間帯)混んでいる   5. (乗り換え)便利だ

⑤ 「～(よ)うか、～(よ)うか」に変換するドリル

＿＿＿＿(よ)うか、＿＿＿＿(よ)うか、迷ってるんだ。

    1. 朝の便にする／午後の便にする   2. 電車で行く／車にする

    3. 指定席を予約しておく／自由席で行く   4. JRを使う／地下鉄にする

    5. 朝一番の新幹線で行く／前の晩から行って一泊する

■ポイントリスニング

　選択肢に挙げたものの中で、どちらが早いと言っているのか、もしくはどちらも同じだと言っているのかを答える問題です。人にアドバイスを与えるときには、はっきりと自分の意見を述べる言い方と、あいまいに述べる言い方があります。意見をはっきり述べているかどうかについても注意して聞いてみましょう。

① 「バスでも電車でも(1時間ぐらいかかりますよ)」と言っているので、早さに違いがないことがわかります。文末は「…かかりますよ」と、はっきり自分の意見を述べています。

② 「電車のほうが早い」と言っているので、答えは「電車」です。文末の「(早い)んじゃないかなあ」は、「(早い)と思う」と同じ意味です。「かなあ」と独り言のように言うことで、主張をやわらげています。

③ 「やっぱり、飛行機のほうが早いと思うよ」と言っているので、答えは「飛行機」です。この場合の「やっぱり」は元々そう思っていたということを表し、自分の主張を強く述べるときに用います。「やっぱり」は「やはり」の口語的な言い方です。

④ 「直行便のほうがいい」と言っているので、答えは「乗り換えがない」です。「～って」には様々な用法がありますが、自分の意見を述べるときに使うと、それが正しいということを強く訴える態度を表します。親しい友人等に対しては使われますが、フォーマルな場面では相手に失礼な言い方になるので注意が必要です。

⑤ 「あんまり変わんないかも」と言っているので、早さに違いがないことになります。文末の「かも」は「かもしれない」の口語的な言い方です。「かも」で終えることで、主張をやわらげています。

⑥ 「(道が)混んでるね」「歩いたほうがよかったね」と言っているので、歩かずに車で行ったことを後悔していることがわかります。「～たほうが<u>よかった</u>」と過去形を用いる表現は、そうしなかったことを後悔していることを表します。

表現

〈同じぐらいだという言い方〉

バスでも電車でも、	同じですよ。	
	一緒ですよ。	
	あ（ん）まり	変わりませんよ。
	ほとんど	違いはないですよ。

〈比較：はっきり言う場合〉

バスより電車のほうが、	ずっと	早い	ですよ。
	絶対（に）		はずですよ。
			と思いますよ。

〈比較：はっきり言わない場合〉

バスより電車のほうが、早い	かもしれませんね。
	んじゃないかと思いますが。
	んじゃないでしょうか。

■重要表現のポイント

　ここでは、「どちらがいいかアドバイスを求める」「どちらがいいかアドバイスをする」「条件を述べる」という3つの機能を取り上げます。

どちらがいいかアドバイスを求める

・　比較対象のAとBが名詞の場合は、重要表現にあるように「AかB／AとB（と）／AとB（と）だったら／だと（どちらがいい？）」という表現になります。動詞の場合は、「〜か〜か（どちらがいい？）」「〜のと〜のと（どちらがいい？）」という形になります。「〜」には辞書形かナイ形が入ります。

・　比較対象のAとBが文の場合は、接続詞「それか」「それとも」を用いて、「〜がいいですか。それか／それとも、〜がいいですか」と言います。接続詞を使わずに疑問文を2つ並べて「〜がいいですか。〜がいいですか」と聞くこともあります。フォーマルな場面では、「〜ですか」のほかに「〜でしょうか」もよく使われます。

・　また、比較するのではなく、単に〈何がいいかアドバイスを求める〉場合の言い方は以下に挙げる通りです。

表現

〈どちらがいいかアドバイスを求める〉

・バスより		電車のほうが	いいと思う？ 👕
バスと	比べたら		いいですか。 👔
	比べて		いいでしょうか。 👔
バスと電車（と）だったら			

・バスがいい？　（それか、）電車（のほう）がいい？ 👕
・バスがいいですか。（それか／それとも、）電車がいいですか。 👔
・バスがいいでしょうか。電車がいいでしょうか。 👔

84

〈何がいいかアドバイスを求める〉

- 東京駅まで、｜何で｜行ったら、｜いい？👕
  東京駅までだったら、｜　　｜行くと、｜いいですか。👔
  東京駅までだと、｜　　｜行けば、

- 東京駅まで行くのに、何が一番｜いい？👕
  　　　　　　　　　　　　　　　｜いいですか。👔

📖 練習　　　　　　　　　　　　　　　※ ディクテーション・シート＝ p.141

　相手に応じた表現を考えて、アドバイスを求めるようにしましょう。また、話の切り出しはどうするかについても学習者と考えるといいでしょう。フィードバックは、習った表現が使えていたかどうかだけでなく、話の切り出しが適切だったか、失礼な言い方をしていなかったか、声の調子、間の置き方は適切だったか等、多面的に行うといいでしょう。
　また、表現形に注目させるために、解答例（🔊64）を利用して、ディクテーションをしてもいいでしょう。

どちらがいいかアドバイスをする

- アドバイスをする際には、自分がその情報をどのぐらい確実に知っているか（もしくは、どの程度強く勧めたいか）によって、文末表現を使い分けます。確実に知っている場合は、文末は言い切りの形で終助詞「よ」をつけます。また、「絶対（に）／断然」等の副詞を用いることで、自分が確信を持っていることを表すことができます。反対に、その情報が確実ではないとき、もしくは、はっきりと言いたくない場合は、「～かな」「～んじゃない？／んじゃないですか／んじゃないでしょうか／かもしれませんね」等の表現が用いられます。
- アドバイスをする際には、「毎朝この電車使っているんだけど」「姉がこの電車使っていて、聞いたんだけど」等のように、アドバイスをするに値する客観的な情報を自分が持っているということを伝えるといいでしょう。
- 重要表現にある「どっちかって言えば👕」、「どちらかと言うと👔」という表現は、「両者にはあまり違いはないが、あえて言うと（～のほうが）」という気持ちを表します。
- ２つの事柄を比較する際、両者に歴然と差がある場合には、「ずっと」という副詞が使われます。
- 「電車で行った<u>ほうがいい（動詞タ形＋ほうがいい）</u>」と「電車で行<u>くほうがいい（動詞辞書形＋ほうがいい）</u>」は、単にどちらがいいか意見を述べるのであれば両者にほとんど違いはありませんが、相手に対するアドバイスの場合は、「～たほうがいい」のほうがよく使われます。また、ある行為をしないことをアドバイスする場合には、「電車で行か<u>ないほうがいい（動詞ナイ形＋ほうがいい）</u>」という形になります。
- 重要表現ではどちらがいいかアドバイスをする表現を挙げていますが、二択ではなくてこれがいいとアドバイスをする場合は、「（電車で行っ）たらいいですよ」と言います。ほかの方法との比較はしていません。

表現

〈確実に情報を知っている場合〉

| ・地下鉄のほうが、早い | ですよ。 |
| | と思いますよ。 |

| ・地下鉄のほうが、 | 絶対(に) | 早い | ですよ。 |
| | 断然 | | と思いますよ。 |

〈確実に情報を知っているとは言わない場合〉

・地下鉄のほうが、早い	かな。
	と思いますけど。
	かと思いますけど。
	んじゃないでしょうか。
	かもしれません。

| ・たぶん、 | 地下鉄のほうが、早い | と思いますけど。 |
| おそらく | | かと思いますけど。 |

・もしかしたら	地下鉄のほうが、早いかもしれません。
もしかすると	
ひょっとしたら	
ひょっとすると	

| ・確か、地下鉄のほうが、早い | んじゃないでしょうか。 |
| | はずですけど。 |

※「たぶん、おそらく」は、「地下鉄のほうが早い」と自分は思っているが、正確なことはわからないと言いたいときに使います。
※「もしかしたら／もしかすると、ひょっとしたら／ひょっとすると」は、「地下鉄のほうが早い」とは断言できないが、その可能性はあると言いたいときに使います。

練習　　　　　　　　　　※ ディクテーション・シート＝ pp.141-142

　テキストに設定してある「アドバイス」を単に相手に伝えるだけでなく、上述のように、情報の確信度によって、文末や副詞を使い分けるようにしましょう。また、確信度の高い表現を使う場合には、そのアドバイスに至った理由(その電車を毎朝利用している、等)を加えると、高圧的に聞こえないこともおさえておくといいでしょう。フィードバックは、表現が使えていたかどうかだけでなく、情報の確信度と使用した副詞や文末表現とが一致していたか、声の調子、間の置き方は適切だったか等、多面的に行ってください。

　また、表現形に注目させるために、解答例(◀)65)を利用して、ディクテーションをしてもいいでしょう。

条件を述べる

・ 可能な選択肢のうちどれがいいかを述べる際には、置かれている状況等によって答えが変わってくることがあります。そのような場合は、「この条件下なら」と述べることにより、より的確にアドバイスを求めたり、与えたりすることができます。重要表現以外の例を次に挙げておきますので、参考にしてください。

・ 条件を述べるときの代表的な表現は、「(名詞)による」「(名詞)によって違う」という表現です。名詞ではない場合は、「何時に行く<u>か</u>による」「予約する<u>かどうか</u>によって違う」等のように、「(普通形)か／かどうか＋による／によって違う」という形になります。

86

- このとき、「AとBは同程度だ」という言い方と、「どんな条件でも変わらない」という言い方も同時に学習しておくといいでしょう。

表現

〈条件を述べる〉

- 私が行く時間帯だと／だったら
- 私は、だいたい午前中に利用することが多いんですが
- これまでの／私の　経験だと
  　　　　　　　　経験なんですが
  　　　　　　　　経験から言うと
- 私の場合は
- 朝　だと
  　　なら
  　　だったら

※日本語では、「私は／私が」と「私」を主語として述べない傾向が強いですが、条件として持ち出す場合は、「私は／私が」を述べます。「私の経験だと」「私の経験なんですが」「私の経験から言うと」「私の場合は」という表現も同様に、自分のことを条件として取り立てているので、「私の」がつきます。

〈最も重要な条件のみを述べる〉

安かったら、	どちらでもいい
安ければ、	どれでもいい
	何でもいい

〈2つの条件に大きな違いがないと言う〉

地下鉄もバスも値段は	あまり／ほとんど／たいして	変わり(は)ないですよ。／違いはないですよ。
	同じぐらいですよ。	
	同じようなもん／一緒	ですよ。／じゃないかと思いますよ。

〈どんな条件でも変わらないと言う〉

何時でも	同じですよ。
何で行っても	変わらないですよ。
どれを使っても	一緒ですよ。

練習

※ ディクテーション・シート＝p.142

テキストに設定してある「条件」に合った表現の工夫をするようにしましょう。また、相手に返事をするときには、いきなり条件を述べるのではなく、適切な相づちが打てているかどうかにも注意を向けさせましょう。自然な会話では、条件を述べる前に「そうですね」と思案中であることを示したり、「新宿まで行くんですね」と相手の発話を繰り返して確認したりします。フィードバックは、表現が使えていたかどうかだけでなく、相づちが適切だったか、声の調子、間の置き方は適切だったか等、多面的に行うといいでしょう。

また、表現形に注目させるために、解答例（🔊66）を利用して、ディクテーションをしてもいいでしょう。

■もういっぱい

トピックに関連する語彙と表現をさらに増やす練習問題です。余裕のある場合に行ってください。

問題1

① 「モノレールもバスもあまり変わらないけれど」と言っているので、共に使われる言葉として適当なのは「比較的(早い)」となります。

② 「～による」の「～」の部分は名詞か、「(普通形)かどうか」という形です。従って、答えは、「値段(による)」となります。「便利」の場合は、「便利かどうかによる」となります。

③ 「AでもBでも変わり(が)ない／違わない」と言う場合、一緒に使われる副詞は、「ほとんど」です。「ずっと」はAとBに大きな違いがある場合に用いる副詞です。

④ ここでは、地下鉄でもJRでも所要時間に差がないと言っているので、答えは「時間的には」となります。「時間帯」は、「朝の時間帯、ラッシュ(アワー)の時間帯」等のように、時間の幅を表すときに使います。

⑤ 「○○だけ」は、「○○」に限定することを表す言葉で、必ずしも「○○」の数や量が少ないことを表しません。従って、ここでは「5分です」が適当です。「5分」が短い時間であることを明示したい場合は、「わずか／たった(の)5分です」のように言います。

問題2

① ・友人Bはバスがよくない理由を述べているので、「早い」という肯定的な理由は、タクシーのことです。従って「(タクシー)のほうが(早い)」が適当です。
　・2人が話題にしているバスとタクシーのうち、「今すぐ乗れる」に該当するのがバスであることを提示するには、「バスだったら」という条件を表す「バスなら」が適当です。

② ・「のぞみ」と「ひかり」の所要時間の違いは30分であることを言っています。「○○しか」に続くのは「違わない」という否定の表現です。
　・時間帯によって状況が変わることを言いたい場合には、「時間による」という表現を用います。

③ 「～たほうがいいよ」というアドバイスと共に使われる条件の表現は、「～たら」です。「～と」の後件には、アドバイスのような相手に働きかける表現を続けることはできません。

語彙・表現のタスク	※ 練習シート＝ p.143

適当な表現を書きましょう

解答例：① a. 行くなら／行くんだったら／行きたいんだったら
　　　　　　b. にもよる／によって違う
　　　　　　c. でもいいんじゃないかな／でもいいと思うよ
　　　② a. あまり詳しくないので／よくわからないので
　　　　　　b. 近ければ／近いなら
　　　　　　c. あまり違いはないですよ／時間は同じぐらいですよ／
　　　　　　　あまり変わらないんじゃないかと思いますが
　　　③ a. のがいいんじゃないかな／ほうがいいんじゃない？／のはどうかな
　　　　　　b. どっちかって言うと／車じゃなくて
　　　　　　c. なら／だったら
　　　④ a. ほかの行き方がわからないんですが／ほかの行き方を知らなくて
　　　　　　b. だったら／なら／の場合は
　　　　　　c. がいいんじゃないでしょうか／がいいと思いますよ

■ロールプレイ

[手順]

ペアやクラス全体で、下のようなストラテジーについての話し合いを行ってから、ロールプレイの練習をするといいでしょう。

- 相手にアドバイスを求めるときにどう切り出すか
- アドバイスをするときには、自分がその情報をどのぐらい確実に知っているかによって言い方を工夫する必要があるが、それをどう表現するか
- アドバイスをするときには、どのような条件を言う必要があるか
- アドバイスをするときに、相手によってどのように表現を使い分けるか
- 会話はどう締めくくるのが適当か（アドバイスをもらったあとにはどのように返事をするといいか等）

[フィードバックの観点]

☐ 話の切り出しは適切だったか
☐ 話の流れは自然だったか
☐ アドバイスをする際には、必要に応じて条件が述べられていたか
☐ アドバイスをする際の情報の確信度と文末表現は適切に一致していたか
☐ アドバイスをする相手が友人か目上の人かで、表現の使い分けができていたか
☐ 話の終わり方は適切だったか

[その他のロールプレイタスクの例]

Cはカジュアルな場面、Fはフォーマルな場面を示しています。

1 C 朝早く入国管理局へ行かなければなりません。友人にどうやって行ったらいいか聞いてください。

2 C クラスメート達が、最近新しくできたカフェの話をしています。今日学校の帰りに行ってみたいと思うので、場所と行き方を聞いてください。

3 C 名古屋から奈良に行くのにどんな方法があるか親しい同僚に聞いてください。できるだけ安い方法で行きたいと思っています。

4 C 次の休みに友人と一緒に温泉に行きたいと思っています。ルームメートはよく温泉に行っているので、あまり遠くなくて手頃な値段の場所を教えてもらってください。

5 F 引っ越してきたばかりでうちの周りのことがよくわかりません。近所の人に、一番近くの郵便局にはどうやって行くのがいいか聞いてください。

6 F ゴールデンウィークに上司があなたの国へ旅行する計画を立てています。空港から市街地へ出るのにいい方法を教えてあげてください。

7 F 同僚が取引先の会社に行く予定です。どの交通手段を使ってどのように行けばいいか、教えてあげてください。

8 F バスで中央病院に行こうとしています。今いるバス停には、複数のルートのバスが止まるので、どれに乗ればいいかよくわかりません。バスを待っている人に尋ねてください。

■ロールプレイ準備シート

2人でペアになり、ロールプレイタスクについて下の内容を相談して決めてください。そして、どのように話を進めればよいか2人で準備してから、ロールプレイをしましょう。

> **例** 駅のホームに奈良行きの電車が2本止まっています。どちらのほうが早く奈良に着くか、ホームにいる人に聞いてください。

話す場所	駅のホーム
誰が誰に？	乗客A（奈良に行きたい）➡ 乗客B
人間関係と状況	知らない人同士。乗客Bはホームのベンチに座って携帯を見ている。ホームには電車が2本止まっているが、乗客Aは奈良に行くのが初めてで、どちらに乗るのがいいかわからない。一方の電車は空いていて座れるが、もう一方の電車は混んでいる。
内容	乗客Aは、乗客Bに話しかけ、奈良に早く着くほうの電車はどちらかを尋ねる。乗客Bは、どちらもあまり変わらないが、混んでいるほうの電車は、途中で乗り換えると、空いているほうの電車よりも15分ほど早く奈良に着くことを知っている。
会話の進め方は複雑？	複雑ではない。乗客Bが自分の知りたい情報を持っていない可能性があることを念頭に置いて話を進める。
使う表現	【会話を始める】 ・あの、すみません。ちょっとお聞きしたいんですが。 【どちらがいいかアドバイスを求める】 ・この電車って、どっちのほうが早く奈良に着くかわかりますか。 【どちらがいいかを述べる】 ・どちらもあんまり変わらないと思いますよ。 ・こっちの（空いている）電車のほうが早く出るんですけど、そっちの（混んでいる）電車は、途中で乗り換えれば奈良には先に着くんですよ。
会話で工夫すること	・乗客Bに話しかける際に、失礼にならないようにする。 ・乗客Bが乗客Aの知りたいことを知らない可能性もあるので、「わかりますか」「ご存知ですか」のような言葉を添えて尋ねる。

LESSON 9　ゆずります

【この課で学習する内容】

　第9課では、物をゆずったりゆずり受けたりするときの言い方や、ゆずる物の色や形状を説明するときの言い方について学習します。日本に住む、または、日本を離れることになった人や、新入生、新入社員は、引っ越しをすることが多く、それに伴い、物をゆずる、ゆずり受けるといった言語行動の機会も増えます。この言語行動を行う際には、ゆずる物がどんな物か相手に正確に情報を伝えることが必要となります。また、物をゆずる側は相手への押しつけにならないか、ゆずり受ける側は自分の要望が相手に対して厚かましくはないか等、相手の気持ちに配慮した表現を選ぶことも必要となってきます。また、ゆずってあげようという相手の申し出を断る場合もありますが、その際も相手の厚意に配慮した断り方ができるといいでしょう。

　ここでは、相手に物をゆずることを申し出る表現や、ゆずる物の色や形状を説明する表現を中心に、相手と状況に合わせてどのような表現を選べばいいか、学習者自らが判断できるようになることを目標としています。

■聞き取り練習の前に

> 要らなくなったり使わなくなったりした物はどうしていますか。

　学習者が不要になった物をどう処分するか（したか）を尋ね、ウォーミングアップとします。日本に留学や仕事でやってきた学習者が、知り合いや先輩から中古の電気製品や家具等をゆずってもらうことはよくあります。また、帰国するときに、不要になった持ち物をゆずるということもあるでしょう。ゆずってもらってありがたかった経験、無理矢理押しつけられて困った経験等について話し合うといいでしょう。話し合いを通して「ありがた迷惑」にならない言い方、上手に断る言い方には注意が必要であることを認識させることができるでしょう。

譲渡に関わる語彙・表現

以下に挙げるのは、初級で学習済みだと考えられる語彙・表現です。

● ゆずるときに使う表現

- よかったら、｜使って。
　　　　　　　｜もらって。
- 要る　｜なら、｜あげるよ。
　使う　｜　　　｜どうぞ。
　ほしかったら、｜
- これ、｜使う？
　　　　｜要る？
- 使ってもらえるとうれしいなあ。

- よかったら、｜使って　｜くれませんか。
　　　　　　　｜もらって｜もらえませんか。
　　　　　　　　　　　　｜いただけませんか。
- 使っていないテレビがあるんですが、要りませんか。

● 値段を交渉するときに使う表現

〈ゆずってもらう側〉

・いくら（ぐらい）でゆずってもらえますか。
・いくらぐらいお渡しすればいいですか。
・1000 円でいいんですか。
・1000 円じゃ、悪いですよ。

〈ゆずる側〉

・お金は大丈夫です／いいです。
・もらって／使ってもらえるだけで、うれしいです。
・もう使わないし、ただ／1000 円でいいです。

　何かを（ただで）ゆずるときに、相手がもらうことを躊躇しすぎないように、以下のように言って、ゆずり受けることを気にしなくてもいいという配慮を示すことがあります。

● ゆずる物を説明するときに使う表現

・あまり使っていないから
・ちょっと使ってあるけど
・同じ物が 2 つあるから
・たくさんあるから
・捨てようと思ってた物だから
・捨てるのはもったいないって思ってたから

■語彙と表現の学習

【1】ゆずる人、ゆずり受けたい人が使用する表現に関する問題です。

ゆずる、あげる：品物の所有権をほかの人に与えるという意味です。「あげる」は金銭の授受なく所有権を相手に渡すときに使います。「ゆずる」の場合は、ただかどうか明らかではありません（例：後輩にバイクを（1 万円で）ゆずった）。

もらう、ゆずってもらう：品物の所有権をほかの人から受けるという意味です。「もらう」の場合は、所有権の移動についてお金はかかりませんが、「ゆずってもらう」の場合は、有料の場合と無料の場合があります。

① 「（疑問詞）〜たらいいですか」は相手にどのような手段や方法をとるのがいいか助言を求める表現です。「もらいに行く」と言っているので、「ほしい人」の発言だということがわかります。

② 「捨ててしまうのはもったいないと思って」と言っていますので、現在所有している人が捨てることについて「もったいない」と思っています。ここから、「現在所有している人」＝「あげたい人」が言っていることがわかります。この発話は理由を述べるだけで終わっていますが、あとにどんな表現が省略されているかも確認してください。

③ 「誰かもらってくれる人」と言っていることから、自分の物を「あげたい人」の発話であることがわかります。もらう人を探すときの表現です。

④ 「ゆずっていただけませんか」と頼んでいるので、「ほしい人」が言っていることが明らかです。

⑤ 所有している物について「もういらなくなった」と言っているので、「現在所有している人」＝「あげたい人」の発話です。

92

【2】似ている言葉の使い分けを問う問題です。

① 「あげるよ」と言っているので、これはゆずりたい側の発話で、「〜なら」はゆずる際の条件を述べています。自分には必要のない物（タンス）を相手が使いたい（使うだろう）と思うなら、ぜひ使ってほしいと言っています。一方、「便利」はタンスの使い勝手についての一般的な形容であって、ゆずる際の条件とはならないため、この文脈では不自然です。

② 「そんなに＋否定」で「それほど／あまり〜ではない」という意味になります。この意味では「あんなに／こんなに（古くない）」という言い方はありません。

③ 「助ける」は「ＡがＢを助ける」の形で用いられ、ＡがＢのためにある行為をすることを表します。「助かる」は「Ａが助かる」で、受けた行為により、楽ができた、負担が少なく済んでよかったと、Ａが感じていることを表します。この場合は、「1000円でゆずってもらえてうれしい」という意味なので、「助かります」になります。

④ 「せっかく」も「わざわざ」も、「ある目的のために、時間や労力を使って〜する」という意味があります。断る場合、相手が何をしたか具体的に言及しないときは、「せっかくですが」とは言えますが、「わざわざですが」とは言えません。

⑤ 「お金（を）出すよ」というのは、「お金を払う」という意味なので、ここからこれがゆずり受ける側の発話だということがわかります。従って、「もらう」が正解です。

語彙・表現のタスク　　　　　　　　　　　　　　　**※ 練習シート＝ p.144**

適当な言葉を選びましょう

解答：　① ゆずってもらった　　② いただく　　③ いいよ　　④ ゆずって

会話を完成させましょう

解答：　① c　　② d　　③ b　　④ a

■聞き取り練習

問題1　聞き取りのポイント

① お互い丁寧体で話しています。2人の関係が「同僚同士」であるかどうかははっきりわかりませんが、両方が丁寧体で話していることから、親しい友人同士でも大学の先輩と後輩の間柄でもなさそうだということがわかります。話題は会話に何度も出てくる「プリンター」です。会話の終わりの方で「ご自宅まで送るようにしましょうか」「着払いでお願いします」と言っていることから、ゆずることが決まったと考えられます。

② お互い普通体で話しています。このことから、2人は「友人同士」であると考えられます。「うちのベビーベッド、要らないかなって思って」という発話から、話題は「ベビーベッド」であることがわかります。また、「妹がほしいって言ったら、お金はどうしたらいい？」や「じゃあ、まず聞いてみるね」という発話から、ゆずることになったかどうかは未定であると言えます。

③ 1人が普通体、もう1人が丁寧体で話しているので、上下関係のある間柄です。「卒業式（が）終わったら」「卒業式の次の週」という言葉から、学校の「先輩と後輩」であることがわかります。話題は「洗濯機」です。大野さんが「僕、半年ぐらい前に、新しいの買ったばかりなんですよ」と不要である理由を述べ、松井さんが「じゃあ、要らないね」「他の人に聞いてみる」と言っているので、ゆずらないということがわかります。

93

④ 2人とも普通体で話しているので、「友人同士」であることがわかります。話題は「マフラー」です。「もらうの悪いから、いくらか出すよ」とマフラーを買うことを申し出たあと、値段の交渉をし、「ありがと（う）」「こちらこそ、ありがと（う）」と互いに礼を述べているところから、ゆずることが決まったことがわかります。

問題3

① 前のプリンター、<u>どうしようかって思ってるんですけど</u>。

→「どうしようかって思ってる」は「どうしようかと思っている」の口語的な言い方です。

② 誰かもらってくれる人、<u>いないかなって思ってたんですよ</u>。

→ 該当する人が定かではない場合、「誰か～人」という言い方をします。「いないかなって思ってた」は、「いないかなと思っていた」の口語的な言い方です。

③ じゃあ、<u>聞いといてもらえる</u>？

→「～といて」は「～ておいて」の口語的な言い方です。

④ <u>使うんなら、あげよっか</u>。

→「使うなら」が「使うんなら」になっています。「あげよっか」も「あげようか」のくだけた言い方です。

⑤ 少し<u>使っちゃってるし</u>、1000円でいいよ。

→「使ってしまっているし」が「使っちゃってるし」になっています。

> **口頭練習**　※口頭で練習しましょう。キューは日本語でも学習者の母語でもいいでしょう。

① 「～（よ）うかって思ってるんですけど」に変換するドリル

_____、_____（よ）うかって思ってるんですけど。

1. 今使ってる家具／どうする　　2. 引っ越し／いつする　　3. 引っ越し／どの会社に頼む
4. 冷蔵庫／どこに置く　　5. ダイニングテーブル／いくらで売る

② 「誰か～てくれる人、いないかなって思ってたんですよ」に変換するドリル

誰か_____てくれる人、いないかなって思ってたんですよ。

1. もらう　　　　2. うちまで運ぶ　　　　3. 日曜日に手伝う
4. 使い方を教える　　5. 駅まで迎えに行く

③ 「～といてもらえる？」に変換するドリル

_____、_____といてもらえる？

1. これ／あそこに置く　　2. これ／ちょっと持つ　　3. これ／どっかに保管する
4. じゃあ／あとで写真送る　　5. じゃあ／先に行く

④ 「～んなら、～（よ）っか」に変換するドリル

_____んなら、_____（よ）っか。

1. ほしい／あげる　　　　2. 使う／持って来る　　3. 使ってみたい／半分あげる
4. 見てみたい／一度持って来る　　5. 興味ある／写真撮って送る

⑤ 「～ちゃってるし、～でいいよ」に変換するドリル

_____ちゃってるし、（　　）でいいよ。

1. 少し汚れる（半額）　　2. 古くなる（ただ）　　3. カバーがなくなる（100円）
4. ちょっと破れる（ただ）　　5. 箱がなくなる（半額）

■ポイントリスニング

　これは、話をしている人が申し出を受け入れようとしているのか、それとも、申し出を断ろうとしているのかを問う問題です。

① 「うちにもあるからなあ」と言っていることから、断ろうとしている発言であると考えられます。
② 「ほしいなって思って(い)たんですよ」と言っていることから、相手の申し出を喜んで受け入れようとしていることが推察できます。
③ 「うちで相談してみますけど…」というのは、「家族(うちの人)と相談しないと決められない」という意味です。文字通りの意味の可能性もありますが、「相談してみます」と言い切っていないことから、断りにくいため返事を保留し、最終的には断る可能性が高いと予想されます。
④ 「色はいい」けれど、「形がちょっと」と否定的なことを述べて発話を終えているので、申し出を断ろうとしていると考えられます。
⑤ 「こういうの、探して(い)たんですよ」と、肯定的に捉える発話をしていることから、申し出を受け入れようとしていることがわかります。
⑥ 「派手じゃなくて」「落ち着いた色でいい」と、肯定的に捉えている発話を繰り返していることから、申し出を受け入れる可能性が高いことが予想されます。

表現

〈申し出を受け入れる〉

- わあ、いいの？ ／ ありがとう。／ 助かる。
- そういうの、／ ほしかったんだ。／ ちょうど探して(い)たんだ。

- えっ、いいんですか。／ ありがとうございます。／ 助かります。
- そういうの、ちょうど、／ ほしいと思って(い)たんです。／ 探して(い)たんです。

〈申し出を断る〉

ありがとう。でも、／ もう、持って(い)るんだ。／ 同じようなの、持ってて。／ うちにも同じようなの、あるんだ。

お気持ちはありがたいんですが、実は、同じようなの、／ 持って(い)るんです。／ 持っていて。／ うちにもあるんです。

■重要表現のポイント

　ここでは、相手に何か物をゆずったり、相手のために自分が何かをすると提案したりするときの「申し出る」という機能と、ゆずったりゆずられたりする物の「色や形状を説明する」という機能の2つを取り上げます。

申し出る

- 何か物をゆずったり、相手のために自分が何かをすると「申し出る」場合は、相手がこちらの申し出を負担に感じないように、「よかったら」「私にできることがありましたら」のような表現を使うことがあります。
- 申し出るときには、「〜します」と宣言する形のほかに、「〜(よ)うか／(よ)っか」「〜ましょうか」と自分の行為について相手に意向を尋ねる形を使います。
- この場合、行為を受けたい側の人は、相手にそうしてもらえないかと尋ねる「〜てもらえますか／いただけますか」という表現を用いることもあります。
- 相手からの申し出を受け入れる場合は、受け入れる言葉に添えて、感謝の気持ち(「ありがとう」「助かります」等)やうれしいという気持ちを伝えると、丁寧な印象を与えます。
- 申し出を断る場合は、相手の厚意を受け入れないことになるので、その理由と共に感謝の気持ちを表す表現を用いるといいでしょう。また、相手の厚意を受け入れられないのは残念だという気持ちが伝わるよう声のトーン等、言い方にも注意するようにしましょう。

表現

〈申し出る〉

- よかったら、これ、要る？
- (私が)持って行こうか／持って行こっか。
- 私に何かできる(ことある)？

- よろしかったら、｜お使いになりますか。
　　　　　　　　｜使ってもらえますか／いただけますか。
- (私が)お宅まで持って行きましょうか。
- 私に何かお手伝い｜できることがありますか。
　　　　　　　　　｜できることがありましたら、なんでもおっしゃってください。

〈申し出を受け入れる〉

- えっ、｜いい(の)？　｜ありがとう。
　　　　｜ほんと？　　｜サンキュー。
- 助かる。
- うれしい(なあ)。

- (本当に)｜いい　　｜んですか。｜ありがとうございます。
　　　　　｜よろしい｜　　　　　｜すみません。
- すみません、｜お願いします。
　　　　　　　｜助かります。
- じゃあ、｜お言葉に甘えて。
　　　　　｜遠慮なく。

96

〈申し出を断る〉

・ううん、大丈夫。ありがとう。
・ううん、ありがとう。でも、｜今回はいいよ。
　　　　　　　　　　　　　　今度お願いするね。

・ありがとうございます。でも、大丈夫です。
・ありがとうございます。また今度、お願いします。

練習　　　　　　　　　　　　　　　　　　　　　　　　※ ディクテーション・シート＝ p.145

　いきなり行為を申し出るのではなく、練習問題で設定された状況を確認し、どうやって話を始めるのが適切か考えさせるようにしましょう。また、申し出を受けた側は、申し出を受け入れる場合と断る場合の両方について練習しましょう。声の調子によって相手に与える印象が変わることにも注意を向けるようにしましょう。

　また、表現形に注目させるために、解答例（🔊73）を利用して、ディクテーションをしてもいいでしょう。

色や形状を説明する

- 相手に何かをゆずったりゆずってもらったりするときに、その物の色や形状を説明することがあります。初級では、簡単な色や形の言い方を学習しましたが、ここでは、もう少し詳しく色や形状を説明する表現を学習します。
- 色については、「白、黒、赤、青」等の基本的な色には、「色」がつかず、単に「白、黒、赤、青」と言う場合と、形容詞に「色」をつけて「白い色、黒い色、赤い色、青い色」と言う場合があります。「緑」は「緑、緑色」、黄色は「黄色」と言います。
- その色に近い色を表す場合には、「グレーがかった色」「グレーっぽい色」といった表現があります。
- 具体的な色を述べるのではなく、「派手な、落ち着いた、明るい、暗い」のような表現を用いることもあります。学習者には、それがどんな色を表しているか具体的に例を示すとよりわかりやすいでしょう。
- 形については、「正方形、長方形、楕円形」というような語もありますが、それらの語彙がわからなくても「卵みたいな／のような形」という表現を使って形容できます。
- 家具等の大きさは、「縦、横」のかわりに「幅、高さ、奥行き」という言葉を使います。
- 正確な大きさがわからないときには、「これぐらいの／このぐらいの／片手に乗るぐらいの大きさ・サイズ」といった言い方があります。

練習　　　　　　　　　　　　　　　　　　　　　　　　※ ディクテーション・シート＝ p.146

　適切な表現を用いて色や形状を詳しく説明する練習です。いろいろな言い方を駆使して、相手にその色や形状がうまく伝わるように工夫しましょう。

　重要表現に関連する表現だけでなく、話し言葉的な表現にも注目させるために、解答例（🔊74）を利用して、ディクテーションをすることもできます。

■もういっぱい

トピックに関連する語彙と表現をさらに増やす練習問題です。余裕のある場合に行ってください。

問題1

① 「お金はいいよ」と言っているので、この人は相手にただでゆずりたいと思っています。相手が引き取ってくれることをこの人はありがたいと思っていますから、答えは「もらって(くれる)」になります。

② 「車がないので、うちまで」とあるので、「取りに来る」「運ぶ」「来る」「送る」のような移動に関係する言葉が来ると考えられます。ここでは「取りに来て(いただける)」が答えです。

③ ・この人は、自分のテーブルについて話しています。「(　　)なった」に入る最も適切な言葉は「要らなく」です。
　　・また、「ネットに」と共に使えるのは「載せる」です。「(ネット／新聞／ホームページ)に(情報／写真／メッセージ)を載せる」の形で用います。ここでは「載せ(たら)」が答えです。

④ 「いくらか払うから」と言っているところから、お金を払うのでそれがほしいという意味になることがわかります。「ゆずって(くれない?)」が答えです。

問題2

① 「水色」は、透明ではなく薄い青であることを確認してください。

② 同僚Bは猫の大きさを説明しています。足には物を乗せませんから、「片手(に乗るぐらいの大きさ)」が正しいです。

③ 2人は、空いているスペースに本棚を置く話をしています。本棚等の家具のサイズを示す場合は、「高さ」、「幅」、「奥行き」を使います。従って、「幅」が答えです。

④ ③と同じく、家具の垂直方向のサイズには、「高さ」を使います。友人Bが「座っても使えるし、立ってもいいんだ」と言っていますから、高さが調整できることがわかります。

語彙・表現のタスク　　　　　　　　　　　　　　　　　　　　※ 練習シート＝ p.147

会話を完成させましょう

解答例：① 縦が40cmで、横が70cmぐらい

　　　　② 幅が50cmで、奥行きは60cm。で、高さは130cmぐらい

　　　　③ っぽいのが／っぽい薄めの色が、いいんじゃないでしょうか

　　　　④ 黄色と白が混ざったような色，片手に乗るぐらいの大きさだよ

■ロールプレイ

[手順]

　ペアやクラス全体で、下のようなストラテジーについての話し合いを行ってから、ロールプレイの練習をするといいでしょう。

- ・ 申し出る内容によって、どのような前置きをすればいいか
- ・ 申し出を受け入れるときに、どう答えるのがいいか
- ・ 申し出を断るときにどう言えば相手の気分を害さないか。その際理由を言ったほうがいいか
- ・ ゆずる物の色や形状について、どのように言うと相手にうまく伝わるか

[フィードバックの観点]

- □ ゆずりたいと思っていることをいきなり述べるのではなく、適切な前置き表現が使えていたか（興味があるか、必要かどうかといった相手の状況を確認していたか、等）
- □ 申し出に対して、それを受け入れるのか断るのか、明示的にわかるように述べられていたか
- □ 申し出を受け入れるときには、感謝やうれしいという気持ちを述べる等、適切な受け応えができていたか。同様に、申し出を断る場合も相手に感謝するなどして、相手を不快にさせない断り方ができていたか
- □ ゆずる物の色や形状について詳しく正確に説明できていたか
- □ ゆずったりゆずり受けたりする物は、ただでいいのか、いくらか払うのかについて、必要な確認ができていたか
- □ 相手や場面によって、表現の使い分けができていたか
- □ 話の終わり方は適切だったか

[その他のロールプレイタスクの例]

　Cはカジュアルな場面、Fはフォーマルな場面を示しています。

1 C　あなたは来月卒業して、帰国します。大学の友人に、国に持って帰れない家具や電気製品(机、テーブル、ランプ、プリンター等)が要らないか、聞いてください。

2 C　親しい同僚が出産します。自分の子どもがもう使わなくなった子ども用品(ベビーカー、チャイルドシート、木のおもちゃ、等)が要らないか、聞いてみてください。

3 C　仲のいい同僚が初めて海外出張をします。スーツケースを持っていないと聞きました。自分のを貸すことができると申し出てください。

4 C　来週友人の家でバーベキューパーティーをします。友人に、もう使わなくなった日除け用のテントが要らないか聞いてみてください。

5 F　来月引っ越します。新しい引っ越し先には持って行かない2人用のテーブルと椅子のセットがありますが、同僚にほしいかどうか尋ねてみてください。

6 F　先輩が要らなくなった電子レンジを売りたがっていると聞きました。先輩に確認して、値段を交渉しゆずってもらってください。

7 F　会社の同僚が社員寮を出てアパートに引っ越すので新しく家具を買わなければいけないと言っています。あなたの部屋で使っていない引き出し付きの棚(ローチェスト)があります。ほしいかどうか聞いてみてください。

■ロールプレイ準備シート

2人でペアになり、ロールプレイタスクについて下の内容を相談して決めてください。そして、どのように話を進めればよいか2人で準備してから、ロールプレイをしましょう。

> **例** 国へ帰るので、アパートの家具が要らなくなりました。
> 友人にほしいかどうか聞いてください。

話す場所	大学の食堂
誰が誰に？	友人A（エレナ）➡ 友人B（ナオミ）
人間関係と状況	友人同士。食堂でご飯を食べているナオミさんを見つけてエレナさんが声をかける。エレナさんは、1か月後に帰国する予定なので、ほとんどの家具を捨てるか誰かにあげるつもりだ。もしも買ってくれる人がいたらうれしいと思っている。ナオミさんは、近々大学の寮を出て、アパートに引っ越すつもりだ。
内容	エレナさんは、要らなくなった家具のうち、買ってほしい物（テーブルと椅子、ローチェスト、ベッド）とあげる物（卓上コンロ、冷蔵庫）があることを、ナオミさんに伝える。ナオミさんは、その中で、自分がほしいと思っている物（テーブルと椅子）があるので、どんな色と形かを聞いた上で、見に行きたいと伝える。また、見に行った上で、ほかにほしい物があるかどうか考えたいと伝える。
会話の進め方は複雑？	複雑。エレナさんのほうは、買ってほしい物とあげたい物がある。ナオミさんは、一応、それらがどんな物か聞いた上で、見てから決めたいと考えている。
使う表現	【会話を始める】 ・ナオミさん、今ちょっといい？ ・前に、一人暮らし始めるって言ってたよね？ 【申し出る】 ・家具とか国に持って帰れないから、ほしい物、あるかなって思って。 ・よかったら、使ってくれる？ 【色や形状を説明する】 ・テーブルは2人用で、椅子も2つ。 ・色は、白っていうか白っぽいクリーム色。
会話で工夫すること	・エレナさんは、ただでゆずりたい物と、できれば安価でゆずりたい物があることを伝える。 ・エレナさんは、ナオミさんに対して押しつけになるような表現を使わないように気をつける。 ・ナオミさんは、気に入った物ならゆずり受けたいことを伝え、説明を詳しく聞いた上で、実物を見たいと伝える。

LESSON 10　マンション

【この課で学習する内容】

　第 10 課は、マンションや寮等、これから暮らすところや今住んでいるところがトピックです。こ
こでは、生活のルールについて説明するときの表現、また、ルールに関して指摘を受けた際に、これ
から自分がしようと思っていること、あるいは、するつもりだったことを相手に伝える表現を学習し
ます。マンションやアパート、寮、シェアハウス等では、共同生活を行う上での明文化されたルール
だけでなく、そこに住んでいる人達が気をつけている決まり事等があります。また、同じ建物に暮ら
していなくても、その地域に住んでいる人達が共に気をつけていることもあるでしょう。新しい環境
で生活を始める際には、そのようなルールや決まり事について尋ねたり、説明を受けたりしたときに
理解できることが必要です。さらに、ルールについて相手から尋ねられたり、注意をされたりしたと
きには、自分は指摘されたことを行うつもりであることを表明したり、あるいは、そのように行動す
る気持ちがあったことを伝えたりすることにより、自分が相手とのよい関係を保ちながら共同生活を
行いたいと思っていることを表すことができます。

　ここでは、新しい場所や人とスムーズに共同生活を行うための決まり事を伝える表現と、自分の行
動について相手に伝える表現を中心に学習し、相手と状況に合わせてどのような表現を選べばいいか
を学習者が自ら判断できるようになることを目標としています。

■聞き取り練習の前に

> あなたの住んでいるところには、何か決まりがありますか。

　学習者に住んでいるところ(マンション、アパート、寮、シェアハウス等)の規則について尋ね、
ウォーミングアップとします。国での住宅事情との違いについて話す学習者もいるでしょうし、住ん
でいる場所の規則がわからなくて失敗をした経験を話す学習者もいるでしょう。また、明文化された
規則(ゴミ出しの日、ペット禁止、等)についてはわかっていても、自分の住んでいるマンションで生
活する上で暗黙に了解されている決まり(夜遅く騒がない、冷蔵庫に入れる物には名前を書く、通路
に物を置かない、等)があることを、言われるまで知らなかったという経験もあるかもしれません。
さらに、現在困っていることがあれば、それについても話してもらうといいでしょう。

　また、ここでは、規則や困っていることについて説明する語彙や表現の確認もできます。確認する
際には、普段どのような表現を使っているか、学習者自らが内省できるような工夫をしてください。

▨ 規則について説明する語彙・表現

以下に挙げるのは、初級で学習済みだと考えられる語彙・表現です。

● マンション等の規則について説明する表現

・ゴミは決められた日に出さない<u>と</u>(いけません)。

・ペットを｜飼<u>ってはいけない</u>んですよ。
　　　　　｜飼<u>ったらだめ</u>(なん)ですよ。
　　　　　｜飼う<u>のはだめ</u>なんですよ。

・猫を｜飼<u>ってもいい</u>ですよ。
　　　｜飼う<u>ことができ</u>ますよ。

・今月から、資源ゴミの日は水曜日<u>になった</u>んです。

・毎月 1 回、みんなで掃除をする<u>ことになっている</u>んです。

101

● 困っている状態を説明する表現

・隣の人の声が大きすぎるんです。

・隣の人がうるさくて ｜ 困っているんですよ。
　大きい音で音楽をかけられて ｜

・自転車を置くスペースが ｜ あったら ｜ いいんですが。
　　　　　　　　　　　　　｜ あると ｜

■語彙と表現の学習

【1】マンション等での規則を説明するときに用いる語彙の問題です。問題を解く際には、どの動詞が適切かだけでなく、その動詞と共に用いる助詞についても確認するといいでしょう。問題を解いたあとに、以下に挙げる語彙を紹介・確認することで関連語彙を増やすこともできます。学習者のレベルに合わせて、適宜提示してください。

マンション・アパート等の場所に関わる言葉：階段、エレベーター、通路、非常口、非常階段、ベランダ、玄関、入口、ロビー、共用の○○、リビング、トイレ、風呂場、台所、部屋、廊下、天井、床、管理人室

ゴミ・リサイクルに関わる言葉：生ゴミ、ビン、カン、ペットボトル、新聞紙、段ボール、資源ゴミ、粗大ゴミ、燃えるゴミ、燃えないゴミ、第一○曜日、ゴミを出す、ゴミを拾う、ゴミを分ける／分別する、ゴミを捨てる、リサイクルする、リサイクルに出す

① ここでは「ペットを」とありますので、「飼う」になります。「一緒に住む」と言いたい場合は、「（犬／猫）と暮らす」のような表現を使うことができます。

②「掃除機」は「掃除機をかける」と言います。「掃除」の場合は、「掃除をする」になります。

③「音を立てる」は「音を出す」という意味です。「（音を）立てる」は、好ましくない音に対して使うので、例えば「音楽を立てる」「小さい音を立てる」とは言いません。「音／物音／大きい音を立てる」のように使います。

④ 自動車や自転車をある場所に一時的に置く場合、「とめる」「置く」を用います。「駐車する」も同様の意味ですが、自動車にしか使うことができません。

⑤「にぎやか」は肯定的なニュアンスを持つ言葉です。この場合、「怒られる」と言っているので、マイナスのニュアンスの言葉「騒ぐ」が正解です。同じく否定的なニュアンスの形容詞に「うるさい」があります。

【2】何について言っているのかを判断する問題です。使われている語彙に注意しましょう。

① いつ（外に）出すかが問題になっているので、「f. 燃えるゴミ」について言っていると考えられます。「前の日」はゴミが収集される日の前日のことで、ゴミは収集日当日に出さなければいけないということを相手に伝えています。

②「使う」「片付ける」という行為が行われるのは、「b. 台所の食器」です。食器を使ったあとはすぐ洗って元のところに片付けてほしいと言っています。

③「ボール遊び」ができる可能性があるのは「c. 駐車場」で、この駐車場ではそれが禁止されていることを相手に伝えています。

④ 音を小さくしてほしいと言っているので、音がコントロールできるのは「d. ピアノの練習」です。

⑤ 使うときに時間と人数が問題になってくるのは「e. 共用の部屋」です。前もって予約が必要であるという点は「駐車場」の場合も考えられますが、普通「駐車場」の予約には「人数」の提示は不要です。
⑥ 人が「通る」場所で、なおかつ、そこにあると邪魔になる物と言うと「a. 廊下の自転車」だと考えられます。邪魔になるので、別のところにとめてほしいということを言っています。

| 語彙・表現のタスク | ※ 練習シート＝ p.148 |

適当な言葉を選びましょう

解答： ① 聞かないと　　② 開けちゃいけない　　③ ことになっている
　　　 ④ 泊めてもいい　⑤ 言っておかないといけない

どちらが適当ですか

解答： ① 聞こえる　② 違う日に　③ うるさく　④ 立てない　⑤ 強い

■聞き取り練習

問題1　聞き取りのポイント

① 最初に男性が「昨日から新しく入った人？」と話しかけたのに対し、相手は自己紹介をして、その後「シェアハウスって、僕、初めてで」と言っているところから、2人は「シェアハウスの住人同士」であることがわかります。新しい住人は、「大家さんから、ルールとかは住んでる人に聞いてって言われた」と説明し、それを受けて相手は台所や洗濯機の話をしているので、話題は「共同生活のルール」です。前から住んでいる人は「一番奥の部屋に勇気さんが今いると思うから、挨拶に行ってみたら？」と言っていて、新しい住人は「はい、そうします」と言っているので、「勇気さんに挨拶に行く」がこれからすることです。

② 女性が玄関のベルを鳴らして相手の女性を訪ね、もうすぐ地区のゴミ掃除の時間なので「誘いに来た」と言っているところから、2人は「近所の人同士」だと考えることができます。話の内容は「地区のゴミ掃除」です。まだ家にいた女性は、「もう少ししたら出ようと思ってたので、すぐ準備して出ます」と言っていますから、「(今から)準備をして外に出る」という内容が答えになります。

③ 男性が「君たち」と呼びかけて、普通体で話しかけているのに対し、女性は相手に丁寧体で話していますから、2人は上下関係のある間柄であることがわかります。男性が「ほかの学生」と言っているので、女性や一緒にいる人達も学生です。このことから、2人は「学生と寮の管理人」だと推測されます。女性達が今いるスペースは「10時までなら使っていい」と言われていましたが、今は11時で、使用を許可された時間を超過していることが問題になっています。女性は、「今すぐ片付けます」と言っているので、すぐに誕生日パーティーをやめて片付けると考えられます。

④ 男性の部屋を訪ねた女性が「管理人の大野ですけど」と名乗っているので、2人はマンションの管理人とそこの住人であることがわかります。管理人が「通路んとこに、たくさん段ボールとか、雑誌とか置いてらっしゃいますけど、これ、倉田さんのですか」と聞いていますから、話題は「通路に置いている物」です。通路に物を置くことは防災上よくないので、男性は「すぐ部屋の中に移動させます」と言っています。

問題3

① ルールとかは住んでる人に<u>聞いてって</u>言われたんですけど。
→「～てって言われた」は「～てくださいと言われた」の口語的な表現です。

② 皿とか、洗って<u>置きっぱなし</u>もだめ。
→「～っぱなし(にする)」は「そのままにしておく」の意味です。類似表現に「～たまま」があります。「～たまま」の意味はニュートラルですが、「～っぱなし」には、当然するべきことをしないでそのままにしているといったマイナス評価の意味が含まれます。「～っぱなし」は、「(窓を)開けっぱなし」「(電気を)つけっぱなし」「(冷蔵庫からジュースを)出しっぱなし」のように使います。

③ 規則はちゃんと<u>守ってもらわないと</u>。
→「守ってもらわないと」は、「守ってもらわないと困る」の「困る」が省略された口語的な表現です。「～てもらわないと」は、相手に何をするべきかを伝えるための表現で、相手がその行動を取っていない現状について注意を促しています。

④ リサイクルに<u>出そうと思ってて</u>。
→「出そうと思っています」が言い差しの形「出そうと思っていて」になり、さらに「～ていて」の「い」が落ちて「～てて」になっています。そうする心づもりでいることを伝える表現です。

⑤ いつも通れるように<u>しとかないといけない</u>んですよ。
→「しとかない」は「しておかない」の口語的な表現です。「～ようにしておく」は「～」の状態を維持するために行動を取るという意味を表しています。

口頭練習　　　※口頭で練習しましょう。キューは日本語でも学習者の母語でもいいでしょう。

① 「～てって言われたんですけど」に変換するドリル
（　　　）は、＿＿＿＿＿てって言われたんですけど。
1. (燃えるゴミ)朝出す　　2. (食器)自由に使う　　3. (共用の部屋)1か月前までに予約する
4. (自分の物)通路に置かない　　5. (自転車)入口の近くにとめない

② 「～っぱなし」に変換するドリル
（　　　）、＿＿＿＿＿っぱなしになってるよ。
1. (傘)外に置く　　　　2. (物置きの電気)つける　　　　3. (ドア)開ける
4. (牛乳)テーブルの上に出す　　5. (車のエンジン)かける

③ 「～てもらわないと」に変換するドリル
＿＿＿＿＿てもらわないと。
1. 使ったらすぐ片付ける　　2. 予約は1週間前までにしておく　　3. 時間通りに終わる
4. ゴミは分けて出す　　5. 人を泊めるときは言う

④ 「～(よ)うと思ってて」に変換するドリル
＿＿＿＿＿(よ)うと思ってて。
1. これから片付ける　　　　2. 今から洗濯する　　　3. 小さい犬を飼う
4. 新しいところに引っ越す　　5. みんなで使える部屋を予約する

⑤ 「～(し)とかないといけないんです」に変換するドリル
（　　　）は＿＿＿＿＿とかないといけないんです。
1. (資源ゴミ)分ける　　　　2. (通路)いつもきれいにする　　　3. (自転車)部屋の中に置く
4. (ペットを飼うとき)前もって言う　　　　5. (冷蔵庫に入れる物)名前を書く

104

■ポイントリスニング

この問題は、相手に文句や苦情を言っているか、それともルールを伝えているかを問う問題です。

① 「〜ことになって(い)る」はルール等を説明する表現です。ここでは、台所は使った人が片付けるというルールであることを相手に伝えています。

② 「〜てもらわないと」は、「(〜てもらわないと)困る」が省略されています。実際はそうしていない相手の現状(ここでは「ゴミを朝ではなく夜出していること」)を指摘して、改善を促しています。相手に現在の行動の改善を求めている表現ですから、苦情を述べていることになります。

③ 話し手は「置いちゃいけないんだって」と言っていますから、「置いてはいけない」というルールをほかの人から聞いて、今相手に伝えていることがわかります。

④ 「〜てもらってもいいですか」は、相手に対する依頼の表現です。ここでは、「もう少し、音、小さくして〜」と言っていますので、今の音量は大きすぎるという苦情を、依頼表現を用いて相手に伝えています。

⑤ 「〜てもらえるとありがたいんだけど」も、④と同様、相手に対する依頼の表現です。ここでも、「今度から〜前もって言ってもらえると〜」と言っていますから、今回相手が前もって伝えなかったことに対して、間接的に苦情を述べ、依頼表現を用いて改善を促しています。

⑥ 「ペットだめみたいなんです」という発話から、話し手はペット禁止という情報を得て、それを相手に伝えていることがわかります。

> ### 表現
>
> 〈苦情を言われたときの応答〉
>
> > A：ゴミは前の日じゃなくて朝出してもらわないと。
> >
> > B：・はい。｜ わかりました。すみません。
> > 　　　　　 これから｜ 気をつけます。
> > 　　　　　 今度から｜ そうします。
> >
> > 　　・あ、そうなんですか。すみません。知りませんでした。

■重要表現のポイント

ここでは、「規則を説明する」「自分の行動について伝える」という2つの機能を取り上げます。

規則を説明する

・ 初級で学習する規則を説明するときの表現には、「〜なければなりません」「〜てはいけません」等がありますが、これらの表現は、このままでは相手に規則を守らせる権限のある人しか使えないため注意が必要です。例えば、アパートの管理人が住人に「水曜日はゴミを出してはいけませんよ」と言うことはできますが、住人同士の場合だと、高圧的な印象を相手に与えてしまいます。相手に規則を守らせる権限を持っていない人が言う場合は、「〜ないといけないんだって」という伝聞の表現や、「〜ないといけないみたいなんです」という推量の表現がよく用いられます。

・ ルールや規則であることを明示する場合は、「〜ことになっている」「〜という決まりだ」という表現を用います。

表現

〈規則を尋ねる表現〉

- ゴミは、いつ／どこに｜出したらいいの？
　　　　　　　　　　｜出せばいいの？
- ゴミの日はどうなってるの？
- 日曜日に出し｜てもいいの？
　　　　　　　｜たらだめ？
　　　　　　　｜ちゃだめ？
- 日曜日は出したらいけないって、本当？

- 台所の掃除って、｜どう　　　　　　｜なっているんですか。
　　　　　　　　　｜どんなふうに　　
　　　　　　　　　｜どういうふうに　
　　　　　　　　　｜どうしたらいいんでしょうか。
- ゴミは、いつ／どこに｜出したらいいんですか。
　　　　　　　　　　　｜出せばいいんですか。
- ゴミは、前の日の晩に出し｜てもいいんですか。
　　　　　　　　　　　　　｜ちゃだめなんですか。
　　　　　　　　　　　　　｜ちゃいけないんでしょうか。

〈相手に規則を守らせる権限を持っていない人が言う場合〉

ゴミは、朝｜出すことになって(い)る(んだ)。
　　　　　｜出すことになってるみたい。
　　　　　｜出すっていう決まり(ルール／規則)なんだ。
　　　　　｜出すことになってるんだ｜って。
　　　　　｜出さないといけないんだ　｜
　　　　　｜出しちゃいけないんだ　　｜

ゴミは、朝｜出すっていうことになっています。
　　　　　｜出すっていう決まり(ルール／規則)です。
　　　　　｜出さないといけないんです。
　　　　　｜出さないといけないみたいなんです(よ)。

 　　　　　　　　　　　　　　　※ ディクテーション・シート＝ p.149　

　テキストには、規則について尋ねる質問が提示されていますが、相手にいきなりこの質問をするのではなく、質問をする際にどんな表現を使って話を切り出せばいいか考えさせるようにしましょう。また、規則を説明してもらったあとにどのように応答すればいいか、解答例（🔊81）を参考にしながら、考えさせることもできます。

　また、表現形に注目させるために、解答例を利用して、ディクテーションの練習もできます。

自分の行動について伝える

- 人から何かをするように指摘を受けたときの応答としては、(1)指摘された内容を受け入れ、すぐに行動に移すということを相手に伝える場合と、(2)指摘された内容を行動に移すつもりだったと相手に言う場合の2通りが考えられます。ここではそれらの表現について学習します。
- (1)の人から何かをするように指摘を受け、すぐに行動に移すことを相手に伝える場合は、確定した意志を表す「〜ます」、今は考え中であることを表す「〜(よ)う／なきゃと思っている」等の表現を用います。
- 指摘されたことを即座に実行に移すつもりだと伝えたいときには、「今」「すぐ」「今すぐ」「今から」といった表現を用います。
- (2)の人から何かをするように指摘され、それを行動に移すつもりだったと相手に言う場合は、「〜(よ)う／なきゃと思っていた」「〜つもりだった」という表現を用います。ただし、これらの表現は自分の非を認めない言い訳に聞こえてしまうこともあるので、「〜(よ)うと思っていたのに忘れていた」「〜つもりだったけれど、うっかりしていて」のように、自分のミスや不注意であることを明示したり、「〜つもりだったんです。すみません」のように、謝罪の表現を加えたりするといいでしょう。

表現

〈ミスや不注意で行動しなかったと言いたい場合〉

朝ゴミを出そうと思っていたんですが、 | (すっかり)忘れていて。
うっかりしていて。
つい…。
すみません。

 練習　　　　　　　　　　　※ ディクテーション・シート＝ p.150

　この練習では、相手からの質問や指摘を受けて、まずどのように答えるのが適切かを考えましょう。指摘された場合は、問題となっていることについて、自分が知っていたことなのか、知らなかったことなのかによって、返答の仕方が異なります。いずれにせよ、相手に迷惑をかけた場合は、これから自分が取る行動を伝えるだけでなく、謝罪の気持ちを表すことも重要です。

　また、質問や指摘を行った側は、相手の発話に応じてどのように答えればいいかについても考えてみるといいでしょう。解答例（🔊82）を利用して、ディクテーションの練習もできます。

■もういっぱい

　トピックに関連する語彙と表現をさらに増やす練習問題です。余裕のある場合に行ってください。

問題1

　アパートの張り紙に適切な言葉を入れる問題です。

1. ・「マナーを」とあるので、適切な動詞は「守る」になります。「〜ましょう」に接続するので、答えは「守り」です。
   ・「燃えるゴミは(を)」に続く動詞は「捨てる、出す、拾う」等が考えられますが、選択肢の中で適切なものは、「出す」になります。収集所等の決められた場所にゴミを置く場合、「ゴミを置く」ではなく、「ゴミを出す」と言います。「〜てください」に接続するので、答えは「出し」です。

- ・「カンとビンは」に続く語は、「別々にする」が適切です。「～ておく」に接続するので、「別々にし」が答えです。同じ意味の言葉に「分別する」「分ける」等があります。文末の「動詞辞書形／ナイ形＋こと。」という表現は、「～てください」と同じような意味で、ルールを説明したり指示を出したりするときに使います。
2. ・まず、「物を」とあるので、それに続く動詞は「置く」になります。「～ないでください」に接続するので、「置か」が答えです。「○○には」に入る場所の言葉には「通路」か「駐車場」が考えられますが、「物」を置く場所について述べているので、「通路」のほうが適切だと判断できます。
   ・「自転車やバイクは決められた場所に」とあるので、それに続くのは「とめる」です。「置く」も可能です。
3. まず、この張り紙はアパートの住人である大人に向けたものですから、「お子さんを___ない」の部分には、大人が子どもにさせないように注意する「遊ぶ」という動作が入ります。使役形の「遊ばせ」が答えになります。この文脈では、「○○では」には子どもを遊ばせると危ない場所が入るので、答えは「駐車場」が適切です。

問題2

苦情の表現や規則を説明する表現を選ぶ問題です。

① 「～っていう決まり／ルール／ことになっているんですけど」は、規則を説明する表現です。「各自が掃除するっていう決まりになってるんですけど」という発話は、間接的に「（○○さんが）掃除をしないから困っている」という苦情を伝えています。
② 「～て、困って（い）るんですよ」は、困っている状態を説明する表現です。
③ 「～ていただけるとありがたいんですが」は、目上の人やあまり親しくない人に、現在の行動を改めてもらいたいときに用いられます。苦情を述べる際、依頼の表現を用いるという方法は、相手の面子を傷つけないというストラテジーの1つです。
④ 「～ちゃいけないんだって」は規則を説明する表現です。伝聞の形を取ることによって、相手に威圧的にならないように配慮しています。
⑤ 「動詞辞書形／ナイ形＋ようにお願いします」は依頼の表現ですが、ルールを説明するときだけでなく、間接的に苦情を伝えるときにも用いられます。

語彙・表現のタスク	※ 練習シート＝ pp.151-152

会話を完成させましょう

解答：　①b　　②a　　③d　　④e　　⑤c

会話を完成させましょう

解答：　①だったんです　　②ずらそう　　③なっている　　④入れて来た

■ロールプレイ

[手順]

ペアやクラス全体で、下のようなストラテジーについての話し合いを行ってから、ロールプレイの練習をするといいでしょう。

- ・ 自分の知らない規則等を知りたいときは、どのように尋ねればいいか
- ・ 相手の知らない規則等を説明するときは、どのように説明すればいいか。それは規則なのか、それともみなが慣習的に行っていることなのか、自分がその規則についてどの程度よく知っているか等によってどのような表現を使い分ける必要があるか
- ・ 規則や慣習等に沿って指摘やアドバイスを受けたときは、どのように返答するのがいいか
- ・ 会話はどう締めくくるのが適当か

[フィードバックの観点]

- □ 話の切り出しは適切だったか
- □ 規則を説明する側は、相手に高圧的にならないように説明できたか
- □ 規則を説明する側は、必要な情報を十分に述べられていたか
- □ 規則に沿っていないと指摘された側は、相手との人間関係を考慮して適切な返答ができていたか
- □ 話の終わり方は適切だったか

[その他のロールプレイタスクの例]

Cはカジュアルな場面、Fはフォーマルな場面を示しています。

1 C 大学の後輩が、今自分が働いているところでアルバイトをすることになりました。アルバイト先でのルールについて説明してください。

2 C 新しく入ってきたシェアハウスの住人に、前から住んでいる住人達で決めているルールを説明してください。

3 C 寮のルームメートとは2人で決めたルールがありますが、最近ルームメートはそれを守ってくれません。ルームメートに話をしてください。

4 F あなたは新しいアパートに引っ越しました。大家さんのところに挨拶に行って、アパートの決まりについて質問してください。

5 F 新しく引っ越した地区は、これまで住んでいたところとゴミの出し方のルールが違っています。今日ゴミを出しに行ったとき、ゴミを出しに来ていた別の住人に、ゴミ出しの仕方が違っていることを指摘されました。住人と話してください。

6 F あなたの住んでいるマンションの駐車場で子どもを遊ばせている人がいました。その人は、マンションの住人ではないようです。危ないので注意してください。

■ロールプレイ準備シート

2人でペアになり、ロールプレイタスクについて下の内容を相談して決めてください。そして、どのように話を進めればよいか2人で準備してから、ロールプレイをしましょう。

> 例　新しいアパートに引っ越しました。隣の人に偶然会ったので、アパートの決まりについて尋ねてください。

話す場所	アパートの通路
誰が誰に？	アパートの新しい住人（留学生）➡ 隣の住人（学生）
人間関係と状況	新しい住人は、外出しようとしたところ、ドアを開けて中に入ろうとしている隣の住人にばったり会った。挨拶をしたあと、アパートのルールについていくつか質問をする。
内容	学生は隣の住人に自己紹介をしてこれからお世話になることを述べる。実は自転車を買いたいと思っていることと、長い休みには国に帰る予定であることを伝え、これらに関するルールについて質問する。隣の住人は、自転車はアパートの裏の駐輪場にとめること、長期で留守にする場合は前もって管理人に連絡することになっていることを伝える。
会話の進め方は複雑？	それほど複雑ではない。
使う表現	【会話を始める】 ・あ、はじめまして。今日引っ越してきました〇〇です。よろしくお願いします。 ・ちょっと教えてもらってもいいですか。 【ルールについて尋ねる】 ・自転車を買おうと思っているんですが、どこに置いたらいいんでしょうか。 ・夏休みとか冬休みは、2週間ぐらい国に帰りたいって思ってるんですが、それって管理人さんに言っておかないとだめなんですか。 【ルールを説明する】 ・自転車は、裏の駐輪場に置くことになってます。 ・長い間留守にするときは、管理人さんに前もって知らせないといけないみたいです。
会話で工夫すること	・自己紹介したあと隣の住人に質問をする際、相手が忙しいかもしれないので一言断ってから尋ねる。 ・新しい住人にルールを説明する際は、明文化されているルールなのか、慣習的なものなのかによって用いる表現を使い分ける。 ・これから共同生活を始める相手に対して、失礼のないように会話を終える。

巻 末 付 録

練習シート

・ウォーミングアップ
・重要表現のディクテーション
・もういっぱい

LESSON 1	....	112
LESSON 2	....	116
LESSON 3	....	120
LESSON 4	....	124
LESSON 5	....	128
LESSON 6	....	132
LESSON 7	....	136
LESSON 8	....	140
LESSON 9	....	144
LESSON 10	....	148

Lesson 1 ● ウォーミングアップ　　　　　　　練習

■ 何と言いますか。

■ 適当な言葉を選びましょう。

① 私は先月、今、人気のゲームを買った。
友達がそのゲームを　a. 貸してほしい　と言ったので、友達に　b. 貸して　あげた。
　　　　　　　　　　　借りてほしい　　　　　　　　　　　　　　借りて
　　　　　　　　　　　返してほしい　　　　　　　　　　　　　　返して

② 友達から借りたノートを早く　a. 返そう　と思ったけれど、友達に会うチャンスがなくて、
　　　　　　　　　　　　　　　　　貸そう
　　　　　　　　　　　　　　　　　戻そう

なかなか　b. 返せない。
　　　　　　貸せない。
　　　　　　戻せない。

③ 誕生日に、姉は私にかばんを　a. あげた。　とても大切にしているので、そのかばんは
　　　　　　　　　　　　　　　　　くれた。
　　　　　　　　　　　　　　　　　もらった。

誰にも　b. 借りたくない。
　　　　　もらいたくない。
　　　　　貸したくない。

④ ルームメイトの山本さんは風邪で学校を休んでいるので、先生は私に「宿題のプリントを
山本さんに　渡して　ください」と頼んだ。
　　　　　　貸して
　　　　　　あげて

Lesson 1 ● 重要表現　　　　　　ディクテーション

■ ◀» 7 を聞いて、＿＿＿＿＿＿に書いてください。

① A：悪いんだけど、ちょっとお金＿＿＿＿＿＿＿＿＿＿＿＿＿？　現金持ってなくて。

　　B：あっ、いいよ。2000円ぐらいでいい？

　　A：1000円で十分。ありがとう。

② A：あのう、プレゼンで使うポインター、お持ちですか。

　　B：あっ、はい。

　　A：＿＿＿＿＿＿＿＿＿＿＿＿＿＿＿＿＿＿＿＿＿、貸していただけませんか。

　　B：ええ、いいですよ。

　　A：助かります。ありがとうございます。

③ A：あのう、共用のノートパソコン＿＿＿＿＿＿＿＿＿＿＿。

　　B：ええ。

　　A：あさっての出張に持って行くのに、＿＿＿＿＿＿＿＿＿＿＿＿＿＿＿＿＿。

　　　返すのは、木曜になるんですけど。

　　B：ええ、いいですよ。誰も使ってなかったら、大丈夫ですよ。

④ A：なあ、山田。借りたいものがあるんだけど。

　　B：何？

　　A：土曜日に釣りに行く予定なんだけど、俺、クーラーボックス持ってなくてさ。

　　B：うん。

　　A：それで、もし使ってなかったら、＿＿＿＿＿＿＿＿＿＿＿＿＿＿＿？

　　B：いいよ。

113

■ ◀)) 8 を聞いて、＿＿＿＿＿に書いてください。
き   か

① 妹：お姉ちゃん、お姉ちゃんの黒のパンプス、日曜日、貸してもらえない？
   いもうと ねえ   ねえ   くろ   にちようび か

   姉：日曜日？　ごめん、＿＿＿＿＿＿＿＿。ほら、私、結婚式だから。
   あね   わたし けっこんしき

   妹：あっ、そうだった。忘れてた。…じゃあ、ベージュの＿＿＿＿＿＿＿＿＿＿？
                わす

   姉：うん、もちろんいいよ。

② A：なあ、自転車、貸してもらいたいんだけど、いい？　俺の、パンクしちゃってて。
        じてんしゃ   おれ

   B：あっ、＿＿＿＿＿＿＿。今から＿＿＿＿＿＿＿＿＿＿＿＿＿＿＿＿＿＿。
              いま

   A：そっか、わかった。じゃ、帰ってきたら借りてもいいかな。
                かえ   か

   B：ああ、いいよ。1時間ぐらいで戻るから。
            じかん   もど

③ A：大森さん、セミナールームのテーブル、借りてもいいですか。ちょっと使いたいん
     おおもり   つか

     ですよ。

   B：あー、すみません。今から＿＿＿＿＿＿＿＿＿＿＿＿＿＿。

   A：あー、そうなんですね。なら大丈夫です。
                    だいじょうぶ

   B：すみません。

④ A：あのう、すみません、ここのコピー機、使わせていただけませんか。うちの部の、
                    き   ぶ

     今故障してて。
      こしょう

   B：ごめんなさい。会議がもうすぐあって、今、＿＿＿＿＿＿＿＿＿＿＿＿＿＿。
              かいぎ

     30分後でもいいですか。
      ぷんご

   A：ええ、もちろん。じゃあ、後でまた来ます。
                  あと   き

   B：はーい。

114

Lesson 1 ● もういっぱい	練　習

■ A はお願いする人の表現、B は断る人の表現です。適当な前置き表現を考えましょう。

①

友人

_____、昨日の国際関係のノート、
貸してもらえないかな？

あっ、_____。
僕も昨日休んだんだ。

友人

② A：_____、今借りてる本、週明けまで貸しててもらえない？

　 B：_____、○○さんにも貸してあげることになってて。

③ A：_____、2階の会議室、1時間ぐらい使わせていただけませ
　　 んか。

　 B：_____、ちょうど今、使ってまして。

④ A：_____、明日から1週間、海外出張なんですが、ポインター
　　 貸していただけませんか。私の壊れてしまったみたいで、動かないんですよ。

　 B：_____、今、山中さんに貸してるんですよ。

115

Lesson 2 ● ウォーミングアップ　　　　　　　　　　練　習

■ 一番ハッピーなのは誰？　一番かわいそうなのは誰？

① A：○○さん、なんだかうれしそうですね。

　 B：えっ、わかりますか。実は、＿＿＿＿＿＿＿＿＿＿＿＿＿＿＿約束を

　 したんですよ。

② A：○○さん、どうかしたんですか。

　 B：実は、＿＿＿＿＿＿＿＿＿＿＿＿＿＿＿＿＿＿＿んですよ。

■ 文を完成させましょう。

① ホテルに電話をかけて＿＿＿＿＿＿＿＿＿＿＿＿＿＿＿＿＿

② 休みに彼女と一緒に出かける＿＿＿＿＿＿＿＿＿＿＿＿＿＿＿

③ 週末は国の両親が来る＿＿＿＿＿＿＿＿＿＿＿＿＿＿＿＿＿

④ 旅行は沖縄の＿＿＿＿＿＿＿＿＿＿＿＿＿＿＿＿

⑤ 台風で野球の試合が＿＿＿＿＿＿＿＿＿＿＿＿＿＿＿＿

⑥ 来月の飛行機の予約を＿＿＿＿＿＿＿＿＿＿＿＿＿＿＿＿

Lesson 2 ● 重要表現	ディクテーション

■ 🔊 15 を聞いて、_____に書いてください。

① A：今日の打ち合わせなんですけど。急用が入ってしまって。

B：ええ。

A：それで、_____、始まりの時間を

30分_____。大丈夫ですか。

B：はい、わかりました。

② A：あのさー、土曜日の食事のことなんだけど。

B：あっ、どうかした？

A：ちょっとさ、会社に行かなきゃならなくなっちゃって。

で、_____、来週_____？

B：来週かー。ちょっと待って、スケジュール見るから。

③ A：あのう、先生、すみません。

B：はい、何ですか。

A：あのう、交換留学のことで、今日先生のところに伺うことになっていたと思うん

ですが。

B：ええ。

A：ビザのことで大使館に_____、大変

申し訳ないんですが、別の日_____。

B：別の日って言うと、いつですか？

④ A：はい、ヘアサロン・ティンクでございます。

B：あのう、今日の5時に予約を入れていた武田ですけど。

A：あっ、お世話になっております。

B：あのう、4時_____。_____。

A：本日の4時ですね。はい、わかりました。お待ちしております。

■ ◀》16 を聞いて、＿＿＿＿に書いてください。

① A：今日の打ち合わせなんですけど。

B：どうしたの？

A：申し訳ないんですが、急用＿＿＿＿＿＿＿＿＿＿＿＿＿＿＿＿＿＿。で、30分ほど遅れて

しまう＿＿＿＿＿＿＿＿＿＿＿＿＿＿、みなさんにお伝えいただけますか。

B：はい、わかりました。

② A：あのう、土曜日の映画のことなんだけど。

B：うん。

A：仕事の都合で、土曜日は会社に＿＿＿＿＿＿＿＿＿＿＿＿＿＿＿＿＿＿＿＿＿＿＿＿＿。

来週＿＿＿＿＿＿＿＿＿＿＿＿＿＿＿＿＿？

B：えー、そんなー。

A：ごめん。今度おごるからさー。

③ A：あのさー、日曜日の約束だけど。

B：えっ、何？

A：ごめん。日曜日、大阪に＿＿＿＿＿＿＿＿＿＿＿＿＿＿＿＿＿＿＿＿＿。

B：そっかー。仕事だったらしかたないよ。いいよ、いいよ。

A：ごめん。ほんとにごめん。

④ A：先生、すみません。今日、グループプロジェクトのことで、授業のあと先生の研究室

に伺うことになってたんですけど。

B：ええ。

A：あのう、＿＿＿＿＿＿＿＿＿＿＿＿＿＿＿＿＿＿＿＿＿＿＿＿。申し訳ありませんが、

別の日＿＿＿＿＿＿＿＿＿＿＿＿＿＿＿＿＿＿＿＿＿＿＿＿＿。

B：ええ、いいですよ。大丈夫ですか。ちょっと待ってください。スケジュール見ま

すから。

Lesson 2 ● もういっぱい 練習

■ 次のような場合、あなたならどんな表現を使って返事をしますか。適当な返事を考えましょう。

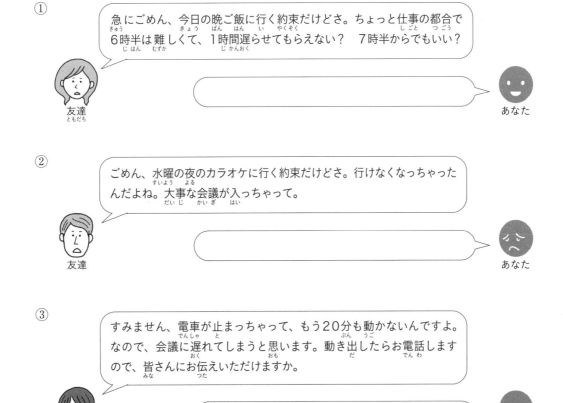

① 友達：急にごめん、今日の晩ご飯に行く約束だけどさ。ちょっと仕事の都合で6時半は難しくて、1時間遅らせてもらえない？ 7時半からでもいい？

あなた：

② 友達：ごめん、水曜の夜のカラオケに行く約束だけどさ。行けなくなっちゃったんだよね。大事な会議が入っちゃって。

あなた：

③ 同僚：すみません、電車が止まっちゃって、もう20分も動かないんですよ。なので、会議に遅れてしまうと思います。動き出したらお電話しますので、皆さんにお伝えいただけますか。

あなた：

④ 同僚：すみません、今日の2時からの会議なんですが、3時に変更していただくことはできますか。前の会議がのびてまして。

 あなた：

Lesson 3 ● ウォーミングアップ　　　　　練習

■ こんなとき、店員にどう言いますか。

① フォークを床に落とした。
② デザートを注文しようと思ったが、テーブルにメニューがない。
③ お皿がほしい。
④ もういっぱいコーヒーを飲みたい。
⑤ 飲み物をテーブルにこぼした。

■ ○○はこんな味

コーヒー

ワイン

ビール

紅茶

お酒

お茶　　カレー

味噌汁

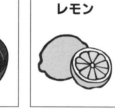
レモン

ケーキ

すし

ピザ

納豆

ラーメン

おにぎり

Lesson 3 ● 重要表現　　　　　　　　ディクテーション

■ ◀)) 23 を聞いて、_____に書いてください。

① 客　：あのう、すみません。

店員：はい、_____。

客　：あのう、このミニデザートって、_____。

店員：えっと、今日のデザートはカスタードプリンでございます。

客　：あっ、そうですか。

② 客　：あのう、このシニア・デーって、_____。

店員：毎月、10日、20日、30日です。

客　：60歳以上の方のグループに限り_____けど、

　　　一人でも若い人がいたらだめなんでしょうか。

店員：はい、それはちょっと…。

客　：あっ、そうですか。わかりました。

121

■ ◀)) 24 を聞いて、＿＿＿＿に書いてください。

① 店員：お待たせいたしました。チキンバーガーのお客様。

　客：えっと、＿＿＿＿＿＿＿＿＿、チーズバーガー＿＿＿＿＿＿＿＿＿＿。

　店員：あっ、申し訳ございません。すぐに＿＿＿＿＿＿＿＿＿＿。

② 客：えっと、＿＿＿＿＿＿＿＿＿＿、生で。

― ― ― ― ― ― ―

　店員：はい、ビール。

　客：あっ、ビンじゃなくて、生ビール、注文＿＿＿＿＿＿＿＿＿＿＿。

③ 客：じゃあ、カフェオレとアイスコーヒー。

　店員：はい。カフェオレとアイスコーヒーでございますね。かしこまりました。

― ― ― ― ― ― ―

　店員：＿＿＿＿＿＿＿＿＿＿＿＿。ホットコーヒーのお客様。

　客：ホット＿＿＿＿＿、アイスコーヒー＿＿＿＿＿＿＿＿＿＿。

　店員：申し訳ございません。すぐ取り替えます。

　客：まあ、いいです。これで。

　店員：申し訳ございませんでした。

④ 店員：合計 1260 円でございます。

　客：えっと、はい。

　店員：お客様、あのう、1260 円でございます。

　客：あっ、＿＿＿＿＿＿＿＿。＿＿＿＿＿＿＿＿。

122

Lesson 3 ● もういっぱい　　　　　　　　　　　練　習

■ 店員と客との会話です。□□□の中の表現を適当な順番に並べましょう。

① 店員：いらっしゃいませ。何名様ですか。

　　客　：（　　　　）

　　店員：（　　　　）

　　客　：（　　　　）

　　店員：（　　　　）

　　客　：（　　　　）

a. タバコはお吸いになりますか。
b. あ、三人なんですけど。
c. では、こちらのお席へどうぞ。
d. いいえ。
e. あっ、はい。

② 店員：ありがとうございました。（　　　　）

　　客　：（　　　　）

　　店員：1300円になります。

　　客　：（　　　　）

　　店員：では、こちらにお願いいたします。

　　客　：はい。

　－－－－－－－

　　客　：（　　　　）

　　店員：ありがとうございました。

a. カードでお願いします。
b. ごちそうさまでした。
c. はい、一緒で。
d. ご一緒でよろしいでしょうか。

123

Lesson 4 ● ウォーミングアップ　　　　　　　　　　　　　　　練　習

■ 適当な言葉を入れましょう。

① 友人A：夏休みにインドに行きたいなって思ってるんだけど、
　　　　　海外旅行は（a.　　　　　）で、パスポート持ってないんだ。
　友人B：あっ、そうなんだ。
　友人A：パスポート（b.　　　　　）のに、どのぐらいかかるか知ってる？
　友人B：1週間ぐらいじゃない？
　友人A：そっか。

② 同僚A：夏に休めなかったから、9月に入ったら、4、5日休みを（a.　　　　　）
　　　　　香港に遊びに行こうと思ってるんです。
　同僚B：香港って英語が（b.　　　　　）んでしたっけ？
　同僚A：ええ、大丈夫だと思いますけど。

③ 友人A：この仕事をやめたら、半年ほどカナダを旅行するつもりなんだ。
　友人B：半年も？　じゃ、ビザが（　　　　　）んじゃない？
　友人A：ううん。日本人は、半年だったら大丈夫らしいよ。

■ 何と言いますか。

北村さんは来週、イタリアに旅行に行きます。同僚の大川さんと話しています。

大川：どこに旅行に行くんですか。

北村：イタリアです。初めての旅行だから、とっても ① 楽しみなんです。
　　　　　　　　　　　　　　　　　　　　　　　　　楽しいです。

大川：いいですね。イタリアまでって何時間ぐらい ② かかる んですか。
　　　　　　　　　　　　　　　　　　　　　　　　飛ぶ

北村：まずベネチアに行くんですけど、直行便がなくて
　　　途中で ③ 乗り換え があるから…えっと…全部で15時間ぐらいですね。
　　　　　　　　到着

大川：そうですか。④ 楽しんできてくださいね。
　　　　　　　　　お楽しみに。

北村：ありがとうございます。出張中、⑤ ご迷惑ですが、　　　　よろしくお願いします。
　　　　　　　　　　　　　　　　　　　お世話になりますが、

124

Lesson 4 ● 重要表現	ディクテーション

■ ◀》31 を聞いて、_____に書いてください。

① A：キャンプはいかがでした？

　B：天気_____、人_____、よかったですよ。

　A：それはそれは。

② A：ハワイ、どうでした？

　B：_____、観光客が多くてね。_____物価も高くて。

　A：そうでしたか。

③ A：京都に行ったんだよね。どうだった？

　B：_____。_____、京都だね。_____歴史がある町は、

　京都だけだね。やっぱり、一番日本らしいよ。

　A：_____。

④ A：北海道旅行、どうだった？

　B：食べ物は何でもおいしかったんだけどね。もう、_____。

　_____、手袋_____なくしちゃってさー。

　A：そうだったんだ。

125

■ ◀》32 を聞いて、＿＿＿＿＿に書いてください。
き　　　　　　　か

① A：沖縄、どうだった？
　　　おきなわ

　　B：海がきれいで、ウミガメも見られたんだ。
　　　　うみ　　　　　　　　　　　　　　　み

　　A：＿＿＿＿＿、ウミガメ＿＿＿、＿＿＿＿＿＿＿。僕も、＿＿＿＿＿＿＿＿＿＿＿＿＿＿。
　　　　　　　　　　　　　　　　　　　　　　　　　　ぼく

② A：天神祭りの花火、すごかったよ。
　　　てんじんまつ　　はな び

　　B：＿＿＿＿＿、＿＿＿＿＿＿＿＿＿＿＿。私も一緒に＿＿＿＿＿＿＿＿＿＿＿＿＿。
　　　　　　　　　　　　　　　　　　　　　　わたし いっしょ

③ A：どちらに行かれたんですか。
　　　　　　　　い

　　B：ミラノに行ってきたんです。初めての海外旅行だったんですよ。
　　　　　　　　　　　　　　　　はじ　　　かいがいりょこう

　　A：＿＿＿＿＿、ミラノなんて、＿＿＿＿＿＿＿＿＿＿＿。

　　　私も＿＿＿＿＿＿＿＿＿＿＿＿＿＿＿＿＿＿＿＿＿＿＿。

④ A：インドの国際会議でね、ガイドの人にタージ・マハルにも連れてってもらったん
　　　　　　こくさいかい ぎ　　　　　　　ひと　　　　　　　　　　　　　　 つ

　　　だよ。

　　B：＿＿＿＿＿、タージ・マハルです＿＿＿、＿＿＿＿＿＿＿＿＿。

　　　＿＿＿＿＿＿＿＿＿＿＿＿＿＿＿＿＿＿＿＿＿＿＿＿＿＿＿。

Lesson 4 ● もういっぱい   練　習
                                                                 れん　しゅう

■ 旅行の感想について話しています。会話を完成させましょう。
　 りょこう　かんそう　　　　　はな　　　　　　かいわ　かんせい

① A：沖縄、どうだった？
　　　 おきなわ

　 B：海が最高にきれいだったよ。それに、＿＿＿＿＿＿＿＿＿＿＿＿＿＿＿＿＿。
　　　 うみ　さいこう

　 A：＿＿＿＿＿＿＿＿＿＿＿＿＿＿＿＿＿＿＿＿＿＿＿。

② A：奈良、どうでした？
　　　 なら

　 B：紅葉がきれいでとてもよかったですよ。しかも、＿＿＿＿＿＿＿＿＿＿＿＿＿＿。
　　　 もみじ

　 A：＿＿＿＿＿＿＿＿＿＿＿＿＿＿＿＿＿＿＿＿＿＿＿。

③ A：週末、キャンプに行ったんだよね。どうだった？
　　　 しゅうまつ　　　　　　　 い

　 B：それが、＿＿＿＿＿＿＿＿＿＿＿＿＿＿＿＿＿＿＿＿＿。

　 A：＿＿＿＿＿＿＿＿＿＿＿＿＿＿＿＿＿＿＿＿＿＿＿。

④ A：出張、いかがでした？　おいしい物食べるとか、できました？
　　　 しゅっちょう　　　　　　　　　　　 もの た

　 B：とにかく時間がなくて、食事もゆっくりできなかったんですよ。
　　　　　　　 じかん　　　　　　　しょくじ

　　　おまけに、＿＿＿＿＿＿＿＿＿＿＿＿＿＿＿＿＿＿＿＿＿。

　 A：＿＿＿＿＿＿＿＿＿＿＿＿＿＿＿＿＿＿＿＿＿＿＿。

Lesson 5 ● ウォーミングアップ　　　練習

■ あのう、すみません。

<会話例>

```
(「スカート」のカードを取ったとき)
客　：あのう、すみません。
店員：はい。
客　：このスカート、はいてみてもいいですか。
店員：ええ、どうぞ。
```

<カード例>

ネクタイ	スカート	コート	(クレジット)カード
ガーデニングの本	注文	修理	Lサイズ
男女兼用	フリーサイズ	現金	サングラス
長い	大きい	消費税	山登り用の靴

■ 文を完成させましょう。

① このネクタイの色、青いシャツ（　　　）_____か。

② この靴、大きすぎて、私（　　　）サイズが_____と思うんですけど。

③ ちょっと小さいので、もう少し大きいの（　　　）_____いただけませんか。

④ あー、別の店なら、あるんですか。じゃ、_____もらえますか。

⑤ パソコンの調子が悪いので、_____をお願いしたいんですが。

⑥ 先週の水曜日に_____本、もう届いていますか。

⑦ このクーポン、_____か。

⑧ この帽子、_____みてもいいですか。

Lesson 5 ● 重要表現

ディクテーション

■ ◀)) 39 を聞いて、＿＿＿＿＿に書いてください。

① A：このセーター、黒いのと赤いのと＿＿＿＿＿＿＿＿＿＿＿＿＿＿＿？

B：そうだね。黒いほうが＿＿＿＿＿＿＿＿＿＿＿？　いろんな色の服に合わせ

やすいし。

A：じゃあ、そうしよっかな。

② A：＿＿＿＿＿＿＿＿＿＿＿＿＿＿＿？　もう、わかんなくなっちゃった。

B：じゃあさー、ネクタイ＿＿＿＿＿＿＿＿＿？　ネクタイなら、何本あっても

困らないし。

A：うん、そうだね。

③ A：ノートパソコン、そろそろ買い替えようって思ってるんだけど、何がいいかさっぱり

わからなくて。なんか、＿＿＿＿＿＿＿＿＿＿＿？

B：僕は、ノートパソコンはとにかく軽いのが好みなんですけど。軽さでいくなら、

やっぱり、僕が今持ってる＿＿＿＿＿＿＿、＿＿＿＿＿＿＿＿＿。

A：うーん、軽さも大事なんだけど、私には、スクリーンの大きさのほうが重要かなあ。

B：そうですか。じゃあ…

■ ◀)) 40 を聞いて、＿＿＿＿＿＿に書いてください。
き　　　　　　　　　　　　か

① A：いかがなさいますか。

　　B：えーっと、＿＿＿＿＿＿＿＿＿＿＿＿＿＿＿＿。

② A：これなんか、どうでしょうか。今とても人気の商品となっております。
　　　　　　　　　　　　　　　　　　いま　にんき　しょうひん

　　B：じゃあ、＿＿＿＿＿＿＿＿＿＿＿＿＿＿＿＿＿＿＿＿＿。

③ A：このペン、ほんと使いやすいですよ。私、リピーターなんです。ちょっと使って
　　　　　　　　　　　　　つか　　　　　　　　わたし

　　　みます？

　　B：あっ、これいいですね。次、買うとき、＿＿＿＿＿＿＿＿＿＿＿＿＿＿。
　　　　　　　　　　　　　　つぎ　か

■ ◀)) 41 を聞いて、＿＿＿＿＿＿に書いてください。
き　　　　　　　　　　　　か

① A：父の日のプレゼントは、ポロシャツがいいんじゃない？
　　　ちち　ひ

　　B：＿＿＿＿＿＿＿。＿＿＿＿＿＿＿＿＿＿＿、普通＿＿＿＿＿＿＿？
　　　　　　　　　　　　　　　　　　　　　　　　　　　ふつう

② A：先生への贈り物は、部屋で使える花瓶か何かにしない？
　　　せんせい　おく　もの　へ　や　つか　かびん　なに

　　B：そうですね。でも、花瓶は＿＿＿＿＿＿＿＿＿＿＿＿＿＿＿＿＿＿。先生の

　　　部屋に花があったことってないですよ。
　　　へ　や　はな

③ A：小春ちゃんへのプレゼント、アクセサリーってのは？
　　　こはる

　　B：＿＿＿＿＿＿＿＿＿、アクセサリーって好みがあるから、別の物＿＿＿＿＿＿＿＿
　　　　　　　　　　　　　　　　　　　　　　この　　　　　　べつ　もの

　　　＿＿＿＿＿＿＿＿＿＿＿＿＿＿＿＿。

④ A：木村さんの送別会ですけど、マグカップとか写真立てとか、何かプレゼント、用意
　　　きむら　そうべつかい　　　　　　　　　　　　　しゃしんた　　　　なん　　　　　　　　ようい

　　　します？

　　B：＿＿＿＿＿＿＿＿。あとに残る物よりもお花か＿＿＿＿＿＿＿＿＿＿＿＿＿＿
　　　　　　　　　　　　　　　のこ

　　　＿＿＿＿＿＿＿＿＿＿＿＿＿。

Lesson 5 ● もういっぱい   練 習

■ レジの店員との会話です。客のあなたはどう答えますか。いろいろな答えを考えましょう。

① 店員：お支払いは？

　　客　：＿＿＿＿＿＿＿＿＿＿＿＿＿＿＿＿＿＿＿＿＿＿＿＿＿＿。

② 店員：お支払いは一括でよろしいですか。

　　客　：はい、＿＿＿＿＿＿＿＿＿＿＿＿＿＿＿＿＿＿＿＿＿＿＿＿。

③ 店員：こちら、プレゼントですか。

　　客　：ええ、＿＿＿＿＿＿＿＿＿＿＿＿＿＿＿＿＿＿＿＿＿＿＿＿。

④ 店員：リボンは、赤と青と緑がございますが。

　　客　：＿＿＿＿＿＿＿＿＿＿＿＿＿＿＿＿＿＿＿＿＿＿＿＿＿＿。

⑤ 店員：袋にお入れしましょうか。

　　客　：いいえ、＿＿＿＿＿＿＿＿＿＿＿＿＿＿＿＿＿＿＿＿＿＿＿。

⑥ 店員：配達はしておりますが、別料金になります。

　　客　：そうですか。じゃあ、＿＿＿＿＿＿＿＿＿＿＿＿＿＿＿＿＿＿。

⑦ 店員：ただいま、その色は切らしておりまして…。来週の水曜日には入荷するんですが。

　　客　：そうですか。じゃあ、＿＿＿＿＿＿＿＿＿＿＿＿＿＿＿＿＿＿。

131

Lesson 6 ● ウォーミングアップ　　　　　　　　　　練　習

■ 適当な言葉を入れましょう。

ケーキ屋（Sweet Tooth）ではアルバイトを募集しています。学生2人がそれを見て話しています。

```
クリスマスケーキ 販売員募集

12月23日(金)～25日(日)
午前9時～午後9時（この時間の中で毎日8時間働ける人）

時給：1600円／交通費：800円まで

面接を受けてください。面接には履歴書を持ってきてください。
興味のある方は、Sweet Tooth 店長まで。
```

学生Ａ：ね、このバイトどう思う？　1日（①　　　　　　　）もケーキを（②　　　　　　　）
　　　　のはちょっと大変だけど、結構いいんじゃない？

学生Ｂ：うん、確かに（③　　　　　　　）は悪くないよね。1日だいたい1万2000円ぐら
　　　　いか…。

学生Ａ：それに（④　　　　　　）も出るし。な、（⑤　　　　　　　）受けてみようよ。

学生Ｂ：うーん。でも、俺、（⑥　　　　　　　）書いたことないんだよ。

学生Ａ：簡単だよ。

学生Ｂ：そうかなあ。自信ないなあ。

学生Ａ：大丈夫だよ。3日だけだし、やってみようよ。

■ 何と言いますか。

　　　□□□から適当な言葉を選んで、形を変えて会話を完成させましょう。

① 面接官：アルバイトの経験はありますか。
　　学生　：はい、カフェで＿＿＿＿＿＿＿＿＿＿＿＿＿＿＿＿＿。

② 友人Ａ：どんな仕事を＿＿＿＿＿＿＿＿＿＿＿＿＿＿＿＿？
　　友人Ｂ：アート関係の仕事。
　　　　　　でも、なかなか＿＿＿＿＿＿＿＿＿＿＿＿＿＿＿＿。

③ 面接官：日本は今回が初めてですか。
　　学生　：いえ、おじが日本の会社に＿＿＿＿＿＿＿＿＿＿＿＿＿＿＿＿ので、
　　　　　　日本には何度も来たことがあるんです。
　　面接官：そうですか。でも、日本でアルバイトの経験はないですよね。
　　学生　：はい。でも、台湾にある日本の会社でアルバイトを＿＿＿＿＿＿＿＿＿＿
　　　　　　ことはあります。

```
する

見つける

見つかる

探す

働く

勤める
```

Lesson 6 ● 重要表現　　　　　　　ディクテーション

■ ◀)) 48 を聞いて、＿＿＿＿＿に書いてください。

① A：＿＿＿＿＿＿＿＿＿＿＿＿＿＿＿＿バイト＿＿＿＿＿＿＿＿＿＿＿＿＿＿＿＿＿。

　　B：うん。店長に話してくれた？

　　A：いや、実は、悪いんだけど、もう決まっちゃったみたいで。ごめん。

　　B：あー、そうなんだー。残念。

② A：あのう、すみません。

　　B：はい。

　　A：あのう、＿＿＿＿＿＿＿＿＿＿＿＿＿＿、＿＿＿＿＿＿＿＿＿＿＿＿＿＿＿

　　　　＿＿＿＿＿＿＿＿＿＿＿＿＿＿。

　　B：あっ、はい。少々お待ちください。店長を呼んでまいりますので。

　　A：はい、すみません。

③ A：ねえ、＿＿＿＿＿＿＿＿＿＿＿＿＿＿＿＿＿、なんかイベントのボランティア、

　　　　＿＿＿＿＿＿＿＿＿＿＿＿＿＿？

　　B：うん。えっ、興味ある？

　　A：うん、まあ…、何やるの？

　　B：あのね、新しく来た留学生たちとの交流会を企画してるんだけど、食べ物とか
　　　　の準備をしてくれる人がほしいんだ。やってくれる？

④ A：あのう、先生。＿＿＿＿＿＿＿＿＿＿＿＿＿＿、日本の商社での＿＿＿＿＿＿

　　　　＿＿＿＿＿＿＿＿＿＿＿＿＿＿。

　　B：ええ。

　　A：今学期は取らないといけない授業があって申し込めないんですが、来年も募集
　　　　ありますか。

　　B：うーん、来年のことはわからないですね。これ、今年初めての募集なんですよ。

　　A：ああ、そうなんですか。わかりました。

133

■ 🔊49 を聞いて、＿＿＿＿に書いてください。

① A：なんかいいバイト知らない？

　 B：どんなバイトしたいの？

　 A：仕事は何でもよくて、＿＿＿＿＿＿＿＿＿＿＿＿＿＿＿＿＿＿＿＿＿＿＿＿。

　 B：週3ね。あっ、そう言えば、駅前の本屋さん、バイトの募集の貼り紙出てたよ。

　 A：まじ?! じゃあ、今日帰りに寄ってみよ。

② A：俺さ、今、配達の仕事やってんだけど、人、足んなくて。どう？　興味ない？

　 B：興味ないわけじゃないけど。えっ、時給いいの？

　 A：うん、悪くない、1900円。

　 B：それ、いいじゃん。＿＿＿＿＿＿＿＿＿＿＿＿＿、＿＿＿＿＿＿＿＿＿＿＿＿。

③ A：えーっと、みなさん、今、留学生のチューターを探しているんですけど、誰か
　 　しませんか。

　 B：チューターって、どんなことをするんですか。

　 A：日本語や専門の勉強でわからないことを説明してもらいたいんですけど。

　 B：難しそうですけど、いい経験になると思うので、＿＿＿＿＿＿＿＿＿＿＿＿＿
　 　＿＿＿＿＿＿＿＿＿＿。

④ A：ベネットさん、デスク業務にはもう慣れたみたいだから、来週から少し別の仕事
　 　もしてみます？　何か希望ありますか。

　 B：はい、あのう、もしよければ、営業の仕事を＿＿＿＿＿＿＿＿＿＿＿＿＿＿＿
　 　＿＿＿＿＿＿＿＿＿＿。

　 A：あっ、営業ね。わかりました。じゃあ、来週は橋田さんと一緒にいろいろ回って
　 　みてください。

　 B：はい、ありがとうございます。

Lesson 6 ● もういっぱい	練 習

■ 適当な言葉を入れて、会話を完成させましょう。

① アルバイト：あのう、＿＿＿＿＿＿＿＿＿＿＿＿正社員になるための試験のことなん
　　　　　　　ですが。

　店長　　　：はい。考えてみましたか。

　アルバイト：はい。＿＿＿＿＿＿＿＿＿＿＿＿＿＿＿＿＿＿＿＿＿ので

　　　　　　　＿＿＿＿＿＿＿＿＿＿＿＿＿＿＿。

　店長　　　：はい、わかりました。じゃ、がんばってくださいね。

② 安田：課長、課長が私のことを探してらっしゃる＿＿＿＿＿＿＿＿＿＿＿＿＿＿。

　課長：ああ、安田さん、今日、早く帰りたいって言ってましたよね。3時からの打ち
　　　　合わせには出られないのかな。

　安田：すみません。＿＿＿＿＿＿＿＿＿＿＿＿＿＿＿＿＿＿＿＿＿＿＿ので

　　　　＿＿＿＿＿＿＿＿＿＿＿＿＿＿＿＿＿＿＿。

　課長：そうか、じゃ、しかたないですね。わかりました。

③ ティナ　：ねえ、ベンさん、来月国へ帰っちゃう＿＿＿＿＿＿＿＿＿＿＿＿、本当？

　エリック：うん。急に仕事が決まったんだって。いい会社らしいよ。

　ティナ　：そっか、いいなあ。私も＿＿＿＿＿＿＿＿＿＿＿＿＿＿＿＿。

　エリック：がんばって探してるんだろ？　きっとどこか見つかるよ。

　ティナ　：うん、だといいんだけど。

④ ソンホ：事務所の人に夏の国際シンポのボランティアの申し込み、
　　　　　来週までだ＿＿＿＿＿＿＿＿＿＿＿＿＿＿＿＿、シェーさんどうする？

　シェー：＿＿＿＿＿＿＿＿＿＿って思うんだけど、ちょっと時間的に難しいかなって
　　　　　思ってて。

　ソンホ：そっか…、就活もあるしね。

　シェー：うん。

135

Lesson 7 ● ウォーミングアップ	練　習

■ 言われてうれしいのは…?

言われてうれしいコメントはどれですか。また、何についてのコメントか、□□から選んで書きましょう。

① あれ？　それ、最近買ったの？　いいなあ、使いやすそうで。　[　　　　　] について

② ね、それ短すぎない？　パーティーにだったらいいと思うけど。[　　　　　] について

③ すごくいいですね。どこで切ってもらったんですか。　[　　　　　] について

④ それ、暖かそうだし、よく似合ってるね。ちょっとかぶってみていい？　[　　　　　] について

⑤ えーっ、100万もしたんですか。中古でしょ、それ？　[　　　　　] について

髪型	車	スカート	バックパック	帽子

■ 会話を完成させましょう。

① 先生：ずいぶん漢字が書けるようになりましたね。

　　学生：いいえ、＿＿＿＿＿＿＿＿＿＿＿＿＿＿＿＿＿＿＿＿＿。

② 同僚A：あ、その財布いいですね。

　　同僚B：そうですか。＿＿＿＿＿＿＿＿＿＿＿＿＿＿＿＿＿＿＿。

③ 友人A：これ、Bさんが作ったの？　おいしい。

　　友人B：ありがとう。＿＿＿＿＿＿＿＿＿＿＿＿＿＿＿＿＿＿＿。

④ 部下：課長のお話、勉強になりました。

　　課長：そう？　＿＿＿＿＿＿＿＿＿＿＿＿＿＿＿＿＿＿＿＿＿。

⑤ 友人A：Bさんのうちの猫ちゃん、かわいいよね。

　　友人B：うん、ありがとう。＿＿＿＿＿＿＿＿＿＿＿＿＿＿＿＿＿＿＿。

Lesson 7 ● 重要表現
じゅう よう ひょう げん

ディクテーション

■ ◀)56 を聞いて、_____に書いてください。
き   か

① A：うわー、よかった。田中君_____、_____。
                        た なかくん

　　声もいいし。
　　こえ

　 B：いやー。

　 A：もう一曲歌ってよ。
　　　　いっきょくうた

　 B：えっ、そう？　じゃあ…。

② A：最近、_____、_____？
　　　さいきん

　 B：えっ、そう思う？
　　　　　　おも

　 A：うん、前もおいしかったけど、_____気がする。
　　　　　まえ   き

　 B：よし！　前はさ、分量とか順番とか適当だったんだけど、最近ちゃんとレシピ見て
　　　　　　　　ぶんりょう　じゅんばん　てきとう　　　　　　　　　さいきん　　　　　　　み

　　作るようにしてるんだ。
　　つく

　 A：ふうん、それだけでけっこう変わるんだ。
　　　　　　　　　　　　　　　　か

③ A：あれ？　髪型_____？
　　　　　　かみがた

　 B：あっ、そうなんです。

　 A：そのヘアスタイル、木村さんに_____。いい感じ。
　　　　　　　　　　　きむら   かん

　 B：ほんと？　ありがとう。

④ A：山田さん、そのネクタイ、おしゃれですね。_____。
　　　やまだ

　 B：そう？　僕のネクタイ、地味だって言って、妻が買ってきたんだけど、派手じゃ
　　　　　　　ぼく　　　　　　じみ　　　　い　　　つま　か　　　　　　　　はで

　　ないかなあ。

　 A：_____。奥さん、趣味がいいんですね。
　　　　　　　　　　　　　　　　　おく　　しゅみ

137

■ 🔊57 を聞いて、＿＿＿＿＿に書いてください。
き　　　　　　　　か

① A：そのジーンズ、いいね。＿＿＿＿＿＿＿＿＿＿＿＿＿＿＿＿＿＿。

B：そう？　ありがとう。日曜日に買ったんだ。＿＿＿＿＿＿＿＿＿＿＿＿＿＿＿＿＿。
　　　　　　　　　　　　にちようび　か

A：うん、すごくいいよ。

② A：みきさん、英語、ほんとに上手だね。発音がネイティブみたい。それだけ話せたら、
　　　　　　　えいご　　　　じょうず　　はつおん　　　　　　　　　　　　　　　　　はな

　　通訳もできるね。
　　つうやく

B：＿＿＿＿＿＿＿、通訳は無理だよ。＿＿＿＿＿＿＿＿＿＿＿＿＿＿＿＿＿。単語が
　　　　　　　　　　　　むり　　　　　　　　　　　　　　　　　　　　　　　　　　　たんご

　　ぜんぜん足りないし。
　　　　　た

A：そうかなあ。

③ A：山田さんのお宅って、いつもきれいに片付いてますね。
　　やまだ　　　たく　　　　　　　　　　かたづ

B：えーっ、＿＿＿＿＿＿＿＿＿＿。

A：ええ、それに家具の＿＿＿＿＿＿＿＿＿＿＿＿＿＿＿＿＿。
　　　　　　　かぐ

B：あー、家具はね、夫が好きで…。
　　　　　　　　おっと　す

A：あっ、そうなんですか。うちは全然そういうの興味なくって。
　　　　　　　　　　　　　　　ぜんぜん　　　　　きょうみ

④ A：今日のプレゼン、わかりやすかったですね。
　　きょう

B：そうですか。ありがとうございます。

A：話のスピードもちょうどよかったし、グラフも見やすくて、完璧でしたね。
　　はなし　　　　　　　　　　　　　　　　　　み　　　　　かんぺき

B：ありがとうございます。＿＿＿＿＿＿＿＿＿＿＿＿＿＿＿＿＿、＿＿＿＿＿＿

　　＿＿＿＿＿＿＿。

138

Lesson 7 ● もういっぱい	練 習

■ 適当な言葉を入れて、会話を完成させましょう。

① 同僚の大田さんと河原さんが話しています。

河原：大田さん、髪の色、変えました？

大田：あっ、＿＿＿＿＿＿＿＿＿＿＿＿＿＿＿＿。前よりもうちょっと茶色くしてみた

んですけど。

河原：雰囲気が少し明るくなって＿＿＿＿＿＿＿＿＿＿＿＿＿＿。

大田：そうですか。＿＿＿＿＿＿＿＿＿＿＿＿＿＿＿＿＿＿＿＿。

河原：ほんとにすてきですよ。私もずっと＿＿＿＿＿＿＿＿＿＿＿＿＿＿思ってる

んですけど。

大田：えっ、じゃあ、一度やってみたらどうですか。

河原：そうですね。

② 池上さんは、友人のアレンさんに３か月ぐらい日本の家庭料理の作り方を教えています。

池上　：アレンさん、今回の照り焼きチキン、すっごくおいしいよ。

料理、＿＿＿＿＿＿＿＿＿＿＿＿＿＿＿＿＿＿＿。

アレン：ほんと？　＿＿＿＿＿＿＿＿＿＿＿＿＿＿＿＿＿＿＿。

池上　：いやいや、そんなことないよ。アレンさんががんばったからだよ。

アレン：ううん。池上さんがいい先生だったから。

池上　：もういろいろ作れるようになったよね。

アレン：うん。でも、まだまだ作りたい料理がたくさんあるから、

＿＿＿＿＿＿＿＿＿＿＿＿＿＿＿＿＿＿。これからもよろしく。

池上　：うん。

Lesson 8 ● ウォーミングアップ　　　　　　　　　　　　練　習
　　　　　　　　　　　　　　　　　　　　　　　　　れん　しゅう

■ 次の①〜⑥は、乗客・駅員どちらが言いますか。
　つぎ　　　　　　　　　じょうきゃく　えきいん　　　い

　　① [　　　　　　] 　ドアが閉まります。ご注意下さい。
　　　　　　　　　　　　　　　　　し　　　　　　　ちゅう い くだ

　　② [　　　　　　] 　千葉まで行きたいんですけど、このホームでいいですよね。
　　　　　　　　　　　　　ち　ば　　　い

　　③ [　　　　　　] 　この電車は、渋谷に止まると思いますよ。
　　　　　　　　　　　　　　　でんしゃ　しぶや　と　　　おも

　　④ [　　　　　　] 　発車まであと2分です。お急ぎ下さい。
　　　　　　　　　　　　　はっしゃ　　　　　ふん　　　　いそ

　　⑤ [　　　　　　] 　この電車、大阪駅に12時までに着きますよね。
　　　　　　　　　　　　　　　　　おおさかえき　　じ　　　　つ

　　⑥ [　　　　　　] 　この電車は、大崎止まりです。
　　　　　　　　　　　　　　　　　おおさき ど

■ 反対の意味になる言葉を書きましょう。
　はんたい　い み　　ことば　か

　　① 道が混んでいる　　　⇔　　道が＿＿＿＿＿＿＿＿＿＿＿＿＿
　　　　みち　こ

　　② 電車のドアが開く　　⇔　　電車のドアが＿＿＿＿＿＿＿＿＿＿＿
　　　　でんしゃ　　　　ひら

　　③ 上りの電車に乗る　　⇔　　＿＿＿＿＿＿＿＿＿＿＿＿＿の電車に乗る
　　　　のぼ　　　　　の

　　④ 終電に乗る　　　　　⇔　　＿＿＿＿＿＿＿＿＿＿＿＿＿に乗る
　　　　しゅうでん

　　⑤ 往復切符を買う　　　⇔　　＿＿＿＿＿＿＿＿＿＿＿切符を買う
　　　　おうふくきっぷ　か

　　⑥ 行きは電車で行く　　⇔　　＿＿＿＿＿＿＿＿＿＿＿はバスにする
　　　　い

　　⑦ 飛行機が出発する　　⇔　　飛行機が＿＿＿＿＿＿＿＿＿＿＿
　　　　ひ こう き　しゅっぱつ

　　⑧ 会議に間に合った　　⇔　　会議に＿＿＿＿＿＿＿＿＿＿＿
　　　　かい ぎ　ま　あ

Lesson 8 ● 重要表現　　　　　ディクテーション

■ ◀» 64 を聞いて、_____に書いてください。

① A：ねえ、駅から大学まで、歩き____バス、_____？

　　B：雨降ってるし、バスにしようよ。

　　A：うん、そうだね。

② A：北海道の旅行のことなんだけどさ。

　　B：うん。

　　A：こっから_____？　_____、向こう着いてから_____？
　　　　宮田は_____？

　　B：えーっ、こっからずっと運転ってのは疲れるから、向こう着いてからレンタカー
　　　　のほうがいいかな。

　　A：そうだよな。じゃあ、そうしよっか。

③ A：すみません。市役所まで行きたいんですが、バスと電車、_____
　　　　_____。

　　B：バスのほうが早いと思いますけど。バス停もすぐ近くですし。

④ A：あのう、すみません。中央病院まで行きたいんですが、歩いて_____。
　　　　_____、バス_____。

　　B：中央病院ねえ。歩いても行けますよ。15分ほどかかりますけど。

■ ◀» 65 を聞いて、_____に書いてください。

① A：この道、朝混んでる？　電車じゃなくて、車で行こうかなって思うんだけど。

　　B：朝は_____混んでるよ。

　　A：あっ、やっぱりそうなんだ。

　　B：うん、電車_____。

② A：どうする？　地下鉄で行く？　JRで行く？

　　B：そうだねー。_____、JRにしない？　ちょっと高いけど。

　　A：じゃあ、そうしよっか。

141

③ A：今度の出張、新幹線か飛行機、どっちにします？

　 B：そうですね。飛行機は、空港までが遠いから、けっこう不便ですよね。

　　　 ＿＿＿＿＿＿＿＿、新幹線のほうが＿＿＿＿＿＿＿＿＿＿＿＿＿＿＿＿＿＿＿＿＿。

　 A：そうですね。

④ A：あのう、市役所まで行きたいんですが、ここからだったら、電車で行くのがいい
　　　んですか。

　 B：えーっと、＿＿＿＿＿＿＿＿＿＿。電車だと、＿＿＿＿＿＿＿＿＿＿＿＿＿＿＿＿＿。

　 A：はあ。

　 B：＿＿＿＿＿＿＿＿＿＿＿＿、バスのほうが本数も多いし、＿＿＿＿＿＿＿＿＿＿＿＿。

　 A：あー、そうなんですか。

　 B：ええ。

■ 🔊66 を聞いて、＿＿＿＿＿に書いてください。

① A：神戸までだけど、何で行く？

　 B：んー、＿＿＿＿＿＿＿＿＿＿＿。安かったら、＿＿＿＿＿＿＿＿＿＿。お金ないし。

　 A：うん、じゃあ、一番安い方法、探してみよっか。

② A：新宿まで何線で行く？

　 B：何でもいいよ。乗り換え＿＿＿＿＿＿＿＿＿＿＿＿、＿＿＿＿＿＿＿＿＿。

　 A：オッケー。じゃあ、ちょっと待って、調べるから。

③ A：あのう、ここから土浦駅までバスでどのぐらいかかるんですか。

　 B：あー、バスですか。バスだと、＿＿＿＿＿＿＿＿＿＿＿＿＿＿＿＿。30分以上
　　　かな。車＿＿＿＿＿10分なんですけどね。

　 A：そうですか。ありがとうございました。

④ A：すみません。中央郵便局までって、どうやって行くのが一番便利なんですか。
　　　引っ越してきたばかりで、わからなくて。

　 B：＿＿＿＿＿＿＿＿＿＿＿＿＿＿＿＿。朝と夕方は、バスの本数がけっこうあるんで、
　　　バスが便利なんですけど、昼間は、バスがほとんど走ってないんですよ。

　 A：あー、そうなんですか。

Lesson 8 ● もういっぱい   練 習
                                                  れん しゅう

■ 適当な表現を_____に書きましょう。
  てきとう ひょうげん   か

① 友人　　：空港まで行きたいんだけど、何で行ったらいいかな。
  ゆうじん　　　くうこう　い　　　　　　なに
　　あなた：a. そうだね。朝早く＿＿＿＿＿＿＿＿＿＿＿＿＿＿、JR がいいよ。
　　　　　　　　　あさはや

　　　　　　b. そうだね。時間帯＿＿＿＿＿＿＿＿＿＿＿＿＿＿けど、バスがいいんじゃな
　　　　　　　　　　じ かんたい
　　　　　　いかな。

　　　　　　c. そうだね。一番早いのは車だけど、時間を気にしなかったら、
　　　　　　　　　　いちばん　　くるま　　　　　じかん　き
　　　　　　何＿＿＿＿＿＿＿＿＿＿＿＿＿＿＿＿＿＿＿。
　　　　　　なん

② 同僚　　：空港まで行くには、何で行ったらいいか、わかりますか。
  どうりょう　　くうこう
　　あなた：a. どうでしょう。私、＿＿＿＿＿＿＿＿＿＿＿＿＿、ほかの人に聞いて
　　　　　　　　　　　わたし　　　　　　　　　　　　　　　ひと　き
　　　　　　もらえませんか。

　　　　　　b. そうですね。私がよく利用するのは、高速バスですけど、
　　　　　　　　　　　　わたし　りよう　　　　　こうそく
　　　　　　ご自宅が駅から＿＿＿＿＿＿＿＿＿、電車でもいいと思いますよ。
　　　　　　　じ たく えき　　　　　　　　でんしゃ　　おも
　　　　　　c. そうですね。電車でもバスでも、＿＿＿＿＿＿＿＿＿＿＿＿＿＿＿＿。

③ 友人　　：日光までの旅行だけど、何で行く？
  ゆうじん　にっこう　　りょこう
　　あなた：a. そうだね。2人とも運転できるから、車で行く＿＿＿＿＿＿＿＿＿。
　　　　　　　　　　ふたり　うんてん
　　　　　　b. そうだね。電車でも車でもいいけど、＿＿＿＿＿＿＿＿＿＿＿、
　　　　　　電車のほうがいいかな。楽だし。
　　　　　　　　　　　　　　　　らく
　　　　　　c. そうだね。楽なのは電車かな。でも、車＿＿＿＿＿＿＿＿＿、途中で
　　　　　　　　　　　　　　　　　　　　　　　　　　　　　　と ちゅう
　　　　　　いろんなところに寄れるね。
　　　　　　　　　　　　よ

④ 近所の人：中央駅まで、どうやって行くといいですか。
  きんじょ ひと ちゅうおうえき
　　あなた　：a. 中央駅ですか。私はいつも自分の車で行くので、
　　　　　　　　　　　　　　　　　じ ぶん
　　　　　　＿＿＿＿＿＿＿＿＿＿＿＿＿＿＿＿＿＿＿。

　　　　　　b. そうですね。昼間＿＿＿＿＿＿＿、バスがいいと思いますよ。
　　　　　　　　　　ひる ま
　　　　　　c. そうですね。バス＿＿＿＿＿＿＿＿＿＿＿＿＿＿＿＿＿＿。

143

Lesson 9 ● ウォーミングアップ　　　　　　　　練　習

■ 適当な言葉を選びましょう。

① 友人Ａ：このアンティークの棚、いいね。
　　友人Ｂ：だろ？　知り合いに安く｜ゆずった／ゆずってくれた／ゆずってもらった｜んだ。

　　友人Ａ：へえ、そうなんだ。この部屋の雰囲気に合ってるし、すごくいいよー。

② 先輩：前に、こたつ、ほしいって言ってたよね？　来月引っ越すから、俺のでよかったらやるよ。

　　後輩：はい、ほしいです。でも、ただで｜いただく／さしあげる／ゆずる｜のは申し訳ないので、いくらか

　　　　払います。

③ 友人Ａ：バイク要らない？　もうすぐ車買うから、買ってくれる人探してるんだけど。

　　友人Ｂ：うん…、せっかくだけど、｜いいよ。／いいね。／悪いね。｜とめておく場所もないし。

④ 先輩：モニター、要らない？　大きいの買ったから、今使ってるの、要らなくなったんだ。

　　後輩：あっ、そうなんですか。実は、もう一台ほしいって思ってたので、

　　　　｜買って／ゆずって／もらって｜もらってもいいですか。お支払いはどうしたらいいですか。

　　先輩：いや、お金はいいよ。

■ a.～d. から選んで、会話を完成させましょう。

① 先輩：この冷蔵庫、まだ使えるから、もらってくれないかな。
　　後輩：＿＿＿＿＿＿＿

② 後輩：引っ越したばかりで
　　　　まだ部屋に何もないんです。

　　先輩：＿＿＿＿＿＿＿

③ 友人Ａ：＿＿＿＿＿＿＿
　　友人Ｂ：古いし、ただでいいよ。

④ 同僚Ａ：子ども用の自転車のヘルメットがあるんですけど、＿＿＿＿＿＿＿
　　同僚Ｂ：えっ、どんなのですか。写真、ありますか。

```
a. 誰かもらってくれる人、いませんか。

b. それ、いくらでゆずってもらえる？

c. えっ、いいんですか。

d. 使ってないトースターならあるけど、いる？
```

144

Lesson 9 ● **重要表現**
じゅう よう ひょう げん

ディクテーション

■ 🔊73 を聞いて、＿＿＿＿に書いてください。
き　　　　　　　　　　　　　　か

① A：もしもし、みゆき？　あのさ、ダイニングテーブル、新しいの買ったんだ。
あたら　　　か

で、＿＿＿＿＿＿＿＿＿＿＿＿＿＿＿＿＿＿＿＿＿＿＿。

B：うん。

A：ほら、みゆき、ダイニングテーブルほしい＿＿＿＿＿＿＿＿＿＿＿＿＿＿＿＿？

私の、要る？
わたし　　い

B：あっ、うれしい。どのぐらいの大きさ？
おお

A：四人座れるぐらいの大きさ。割と大きいかな。
よ にんすわ　　　　　　　　　　　　　　　わり

B：そっか。実は、二人用とかの小さいのがほしいんだよね。
じつ　　ふたりよう　　　ちい

A：そっか。じゃあ、他の人に聞いてみるね。
ほか　ひと　き

B：うん、そうしてもらえるかな。せっかくだけど。ありがと。

② A：武田さん、僕、今年、電子工学の授業＿＿＿＿＿＿＿＿＿＿＿、難しいですか。
たけ だ　　ぼく　ことし　でん し こうがく　じゅぎょう　　　　　　　　　　　むずか

B：そんなに難しい＿＿＿＿＿＿＿＿＿＿＿＿＿＿＿。あっ、ノートあるけど、

ほしい？　よかったらやるよ。

A：えっ、いいんですか。助かります。
たす

③ A：斉藤さんとこのお子さん、＿＿＿＿＿＿＿＿＿＿＿＿＿＿？
さいとう　　　　　こ

B：あっ、もうすぐ２歳になります。
さい

A：あー、そうなんだ。実は、うちの子が使わなくなった三輪車があるんですけど、
つか　　　　　さんりんしゃ

＿＿＿＿＿＿＿＿、＿＿＿＿＿＿＿＿＿＿＿＿＿＿＿＿＿＿。

B：えー、いいんですか。助かります。じゃあ、お言葉に甘えて。
こと ば　あま

④ A：山下さん、前に、PC のモニター＿＿＿＿＿＿＿＿＿＿＿＿＿＿＿＿＿＿＿＿。
やました　　　まえ

B：あっ、はい。

A：私、新しいの買ったので、今のモニター、よろしかったら、使います？
いま

B：えっ、いいんですか。

A：ええ。21 インチなんですけど、おととし買ったのだから、＿＿＿＿＿＿＿＿＿

＿＿＿＿＿＿＿＿＿＿＿＿。

B：ほんとにいいんですか。ありがとうございます。

A：いえ、こちらも助かります。明日持ってきますね。
あした も

B：はい、よろしくお願いします。
ねが

145

■ ◀)) 74 を聞いて、＿＿＿＿に書いてください。

① A：スピーカー、新しいの買ったから、前の、よかったら使う？

　　B：えっ、いいの？　どのぐらいの大きさ？　＿＿＿＿＿＿＿＿＿＿＿＿＿＿＿＿

　　　　＿＿＿＿＿＿＿＿＿、＿＿＿＿＿＿＿＿＿＿＿＿。

　　A：全然大きくないよ。＿＿＿＿＿＿＿＿＿＿＿サイズ。写真、送るよ。

　　B：うん、ありがと。

② A：もう、全然はめてない指輪がいくつかあるんだけど、お姉ちゃん、ほしい？

　　B：どんなの？

　　A：＿＿＿＿＿＿＿＿＿＿石がついてるのとか、＿＿＿＿＿＿＿＿ちょっと幅のあるの

　　　　とか。

　　B：うーん、実物＿＿＿＿＿＿＿＿＿＿＿＿＿＿から、今度見せて。

　　A：うん、わかった。

③ A：あのう、＿＿＿＿＿＿＿＿＿＿＿＿＿＿＿＿＿＿＿＿＿＿＿テーブルなんですけど、

　　　　どんな色か教えてもらっていいですか。

　　B：ええ、もちろん。えっと…、自然な木の色っていうか、＿＿＿＿＿＿＿＿＿色

　　　　です。写真だと色がわかりにくいので、よかったら、一度うちに見にいらっしゃ

　　　　いませんか。

　　A：えっ、いいんですか。そうさせていただけるとありがたいです。

④ A：お兄ちゃんが＿＿＿＿＿＿＿＿＿＿＿＿＿＿＿＿＿＿、ノートパソコンだけど、

　　　　色は普通の黒？

　　B：ううん、違うよ。＿＿＿＿＿＿＿＿＿＿＿＿＿＿＿、ステンレスっぽい、薄めの

　　　　グレーだけど。

　　A：あっ、じゃあ、私が前使ってたのとおんなじ色だね。

　　B：あー、そうそう。

Lesson 9 ● もういっぱい　　　　　練習

■ 会話を完成させましょう。

① 友人A：あのさ、くれるって言ってた、PCのモニターって、どのぐらいの大きさ？

　友人B：ええと、32インチだから、

　　　　＿＿＿＿＿＿＿＿＿＿＿＿＿＿＿＿＿＿＿＿＿＿＿＿＿。

　友人A：あー、いいサイズ。

② 先輩：冷蔵庫、要らない？

　後輩：えっ、ほしいです。どのぐらいの大きさですか。

　先輩：えーっとね、＿＿＿＿＿＿＿＿＿＿＿＿＿＿＿＿＿＿

　　　　＿＿＿＿＿＿＿＿＿＿＿＿＿＿＿＿＿＿＿＿＿＿＿＿。

　　　　一人用だから、そんなに大きくないよ。

　後輩：いえ、ちょうどいいです。そのくらいの大きさの、

　　　　ほしかったんです。ありがとうございます。

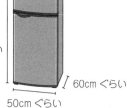

③ 同僚A：部長の送別会に贈るお花ですけど、どんな色とか大きさがいいと思います？

　同僚B：そうですね。部長、濃い色より淡い色が好きみたいだから、大きめのブーケか

　　　　なにかで、色はピンクか黄色＿＿＿＿＿＿＿＿＿＿＿＿＿＿＿＿＿＿＿＿。

　同僚A：そうですね。じゃ、そうします。

④ 友人A：実は、猫飼うことにしたんだ。

　友人B：えー、どんな色？

　友人A：あれ、なんて言うのかな、英語だと「イエロータビー」って言うみたいけ

　　　　ど、＿＿＿＿＿＿＿＿＿＿＿＿＿＿＿＿＿＿＿＿＿＿。

　友人B：へえ、いいなあ。まだ小さいの？

　友人A：うん、生まれて8週間ぐらいで、＿＿＿＿＿＿＿＿＿＿＿＿＿＿＿＿＿＿。

　友人B：わあ、見に行ってもいい？

Lesson 10 ● ウォーミングアップ	練　習

■ 適当な言葉を選びましょう。

① 部屋にピアノを入れてもいいかどうかは、前もって管理人さんに　聞かないと　いけな

　　聞いても

　いんです。

② アパートの壁には、小さい穴も　開けちゃいけない　みたいなんです。

　　　　　　　　　　　　　　開けなきゃいけない

③ お風呂場の掃除は、週に2回みんなが順番にやる　ことになっている　んだ。

　　　　　　　　　　　　　　　　　　　　　　ことを決めている

④ 今晩、友達を　泊めてもいい　かな。一緒に勉強しようって言ってて。

　　　　　　泊めなくてもいい

⑤ 外泊するときは、管理人に　言っておいてもいい　らしいよ。

　　　　　　　　　　　　言っておかないといけない

■ どちらが適当ですか。

① 私の部屋、上の階の足音がすごく　聞ける　んです。

　　　　　　　　　　　　　　　聞こえる

② ときどき　間違いの日に　ゴミを出す人がいるので、掃除の人が困っています。

　　　　　違う日に

③ 寮の部屋で　うるさく　騒いでいると、管理人さんに叱られるよ。

　　　　　　にぎやかに

④ 週末は、朝早くから大きな音を　しない　ように気をつけています。

　　　　　　　　　　　　　　　立てない

⑤ みんなで使う冷蔵庫だから、においの　強い　物は入れちゃいけないんです。

　　　　　　　　　　　　　　　　　大きい

148

Lesson 10 ● **重要表現**
ディクテーション

■ ◀)) 81 を聞いて、_____ に書いてください。

① A：あのう、ちょっと教えていただきたいんですが。

　B：はい。

　A：このマンション、ゴミの日は_____。

　B：あっ、えっと、燃えるゴミは、月、木で、ビンとカンは、第2火曜日_____

　　　_____。

　A：そうですか。ありがとうございました。

② A：この部屋の掃除は_____？

　B：あー、気が付いた人がする_____。

　A：でも、それだと、掃除する人はいつも同じにならない？

　B：そうだけど、そうなってるから。

③ A：あのう、ちょっとお聞きしたいんですが。

　B：はい、何でしょう。

　A：ここって、自転車置き場、どこですか。

　B：あっ、自転車置き場、_____。

　A：えっ、ないんですか。

　B：ええ。通路には_____、自分の部屋

　　　に置くか、どっか駐輪場を借りるかしかないですね。

　A：えー、そうなんですか。まいったなあ。

④ A：あのう、ここ、ペット_____。

　B：いやあ、鳥とかならいいんですけど、犬とかネコのような_____

　　　_____。

　A：あー、そうですか。実は小さい犬を飼いたいって思ってたんですけど。

　B：あー。

　A：じゃあ、だめですね。

149

■ 🔊82 を聞いて、＿＿＿＿＿に書いてください。
き　　　　　　　　　　　　　　か

① A：すみません、前の道にとめてある車、鈴木さんのですか。
　　　　　　　　　まえ　みち　　　　　　　くるま　すず き

　　B：あっ、そうです。ちょっと荷物を運びたいと思ってまして。
　　　　　　　　　　　　　　　　　にもつ　はこ　　　　　おも

　　A：すみません、今からうちを出るので、ちょっと＿＿＿＿＿＿＿＿＿＿＿＿＿＿＿＿＿
　　　　　　　　　　いま　　　　　　で

　　　　＿＿＿＿＿＿＿。うちの車、出せなくて。
　　　　　　　　　　　　　　　　だ

　　B：あっ、すみません。すぐ＿＿＿＿＿＿＿＿＿＿＿＿＿＿＿＿＿＿＿。

② A：森川さん、玄関のドアのところにある自転車って、森川さんのですか。
　　　　もりかわ　　　げんかん　　　　　　　　　じ てんしゃ

　　B：はい。

　　A：あのう、自転車は駐車場の横のとこに置いてもらえますか。子どもたちがぶつか
　　　　　　　　　　　　ちゅうしゃじょう　よこ　　　　　お　　　　　　　　　こ

　　　　ると危ないので。
　　　　　あぶ

　　B：あっ、＿＿＿＿＿＿＿＿＿＿＿＿＿。＿＿＿＿＿＿＿＿＿＿＿＿＿＿＿＿＿＿。

③ A：ねえ、今朝キッチン使ったの誰？　お鍋とかそのままなんだけど…。
　　　　　け さ　　　　　つか　　　だれ　　　なべ

　　B：あっ、私。ごめん。＿＿＿＿＿＿＿＿＿＿＿＿＿＿＿＿＿＿＿＿＿＿＿けど、電話
　　　　　　わたし　　　　　　　　　　　　　　　　　　　　　　　　　　　　　　　　　　でん わ

　　　　かかってきちゃって忘れてた。＿＿＿＿＿＿＿＿＿＿＿＿＿＿＿。
　　　　　　　　　　　　わす

　　A：うん、お願い。
　　　　　　　ねが

④ A：2階の共用の部屋、あさって使いたいんですか。予約は1週間前までにしておいて
　　　　かい　きょうよう　へ や　　　　　　　　　　　　　　　よ やく　　しゅうかん まえ

　　　　もらわないと困るんですよ。
　　　　　　　　　こま

　　B：すみません、＿＿＿＿＿＿＿＿＿＿＿＿＿＿＿＿＿＿＿＿＿＿＿＿、＿＿＿＿＿…。

　　A：今回はいいですけど、次からは1週間前までにお願いしますね。
　　　　こんかい　　　　　　　　　つぎ

　　B：はい、＿＿＿＿＿＿＿＿＿＿＿＿＿＿＿＿＿。

150

Lesson 10 ● もういっぱい   練 習
                                                          れん しゅう

■2人（友人同士）は賃貸情報のウェブサイトを見て話しています。
  ふたり ゆうじんどうし   ちんたいじょうほう   み はな
適当な言葉を□□から選んで、会話を完成させましょう。
てきとう ことば   えら   かいわ かんせい

奈美：ね、裕司は、どういうところ探してるの？
なみ   ゆうじ   さが

　　　…あ、このマンション、よさそうだよ。

　　　「（①　　　）」って書いてある。
　　　 か

裕司：おっ、いいねえ。外からカギかけなくていいんだ。
            　　　　そと

　　　俺、今のところ、しょっちゅうカギかけるの忘れるんだよね。
　　　おれ いま   わす

奈美：それに、（②　　　）だし、まだできて新しいみたい。部屋も（③　　　）だから
                                    あたら   へや

　　　明るくていいんじゃない？
　　　あか

裕司：うーん。ま、俺、昼間は部屋にいないから、あんまり関係ないけどね。
            　　 ひるま   かんけい

奈美：そっか。…あっ、それに、ここ（④　　　）だよ。ユニットバスじゃないのって、

　　　よくない？

裕司：うーん、それも、俺一人暮らしだから、あんまり関係ないかな。そうそう、俺、
            　　　　 ひとりぐ   かんけい

　　　猫飼いたいんだよね。ここって大丈夫なのかな。
　　　ねこか   だいじょうぶ

奈美：えーっとね…。あ、「ペット（⑤　　　）」って書いてある。となると、猫はだめかも

　　　ねえ。鳥とかハムスターとかならいいのかもよ。
　　　 とり

裕司：ハムスターか…。猫が飼えるといいんだけどなあ。

┌───┐
│ a. 築３年   b. オートロック   c. 要相談   d. 南向き   e. バストイレ別 │
│   ちく ねん   ようそうだん   みなみむ   べつ │
└───┘

151

■ 青葉地区の役員さん達が、毎年行っている春祭りについて話しています。適当な言葉を選んで、会話を完成させましょう。

役員A：今年の春祭り、いつも通り5月の第2日曜日でいいですよね。
役員B：実は、そのつもり（①なんです・だったんです）が、今年は青葉小学校の運動会がその週末になるらしいんですよ。それで、1週間後ろに（②ずらす・ずらそう）と思ってまして。
役員A：あー、そうなんですね。
役員B：ただ、テントのレンタルは1か月前までに予約することに（③なっている・なっていた）んですよ。だから、そろそろ予約しないと。
役員A：じゃあ、私、去年担当だった小島さんと話してみます。
役員B：それは助かります。よろしくお願いします。
役員A：えーっと、ほかに必要なのは、買い物の準備ですね。
役員C：ええ。で、リストを作って来たんですよ。……あれ？　ないなあ。ここに（④入れて来る・入れて来た）はずなんだけど…。
すみません、うちに置いてきちゃったみたいです。
役員A：あっ、今なくても大丈夫ですよ。
あとでメールで送ってもらえますか。
役員C：はい。じゃ、そうします。

著者紹介

ボイクマン総子（ぼいくまん　ふさこ）

大阪外国語大学大学院言語社会研究科博士後期課程修了、博士（言語・文化学）

現在、東京大学大学院総合文化研究科 教授

著書に、『新版 聞いて覚える話し方 日本語生中継 中〜上級』、『新版 聞いて覚える話し方 日本語生中継 中〜上級 教室活動のヒント＆タスク』、『新版 聞いて覚える話し方 日本語生中継 初中級 1』、『聞いて覚える話し方 日本語生中継 初中級編 2』、『聞いて覚える話し方 日本語生中継 初中級編 2 教室活動のヒント＆タスク』（以上、くろしお出版・共著）、『ストーリーで覚える漢字』シリーズ（くろしお出版・共著）、『わたしのにほんご 新装版』（くろしお出版・共著）、『生きた素材で学ぶ 新・中級から上級への日本語』（ジャパンタイムズ出版・共著）、『東京大学教養学部のアカデミック・ジャパニーズ J-PEAK』シリーズ（ジャパンタイムズ出版・共著）がある。

小室リー郁子（こむろ　リー　いくこ）

大阪外国語大学大学院外国語学研究科日本語学専攻修了、博士（日本語・日本文化）（大阪大学）

現在、トロント大学（カナダ）東アジア研究科 准教授(Teaching Stream)

著書に、『新版 聞いて覚える話し方 日本語生中継 中〜上級』、『新版 聞いて覚える話し方 日本語生中継 中〜上級 教室活動のヒント＆タスク』、『新版 聞いて覚える話し方 日本語生中継 初中級 1』、『聞いて覚える話し方 日本語生中継 初中級編 2』、『聞いて覚える話し方 日本語生中継 初中級編 2 教室活動のヒント＆タスク』（以上、くろしお出版・共著）、『中国語母語話者のための漢字語彙研究―母語知識を活かした教育をめざして』（くろしお出版）がある。

宮谷敦美（みやたに　あつみ）

大阪外国語大学大学院外国語学研究科日本語学専攻修了、修士（言語・文化学）

元 愛知県立大学外国語学部 教授

著書に、『新版 聞いて覚える話し方 日本語生中継 中〜上級』、『新版 聞いて覚える話し方 日本語生中継 中〜上級 教室活動のヒント＆タスク』、『新版 聞いて覚える話し方 日本語生中継 初中級 1』、『聞いて覚える話し方 日本語生中継 初中級編 2』、『聞いて覚える話し方 日本語生中継 初中級編 2 教室活動のヒント＆タスク』（以上、くろしお出版・共著）、『生きた素材で学ぶ 中級から上級への日本語』（ジャパンタイムズ出版・共著）がある。

新版　聞いて覚える話し方　日本語生中継　初中級1

教室活動のヒント＆タスク

2006年　10月　5日　初版
2024年　10月 11日　新版 第1刷

著者　　　ボイクマン総子
　　　　　小室リー郁子
　　　　　宮谷敦美

発行人　　岡野秀夫

発行所　　くろしお出版
　　　　　〒102-0084　　東京都千代田区二番町4-3
　　　　　Tel : 03・6261・2867　　　　Fax : 03・6261・2879
　　　　　URL : https://www.9640.jp　　Mail : kurosio@9640.jp

装丁　　　工藤亜矢子

イラスト　村山宇希

印刷　　　シナノ書籍印刷

Ⓒ 2024 BEUCKMANN Fusako, KOMURO-LEE Ikuko, MIYATANI Atsumi, Printed in Japan
ISBN 978-4-87424-992-5 C2081
乱丁・落丁はお取り替えいたします。本書の無断転載・複製を禁じます。